W0097015

Kuschel | Klosinski

Buddha und Christus

Karl-Josef Kuschel | Gunther Klosinski

BUDDHA UND CHRISTUS

Bilder und Meditationen

Patmos

Inhalt

»Immer, wenn ich ein Bild des gekreuzigten Christus sehe, muss ich an die tiefe Kluft denken, die zwischen Christentum und Buddhismus liegt. Christus hängt hilflos, voller Traurigkeit, an dem senkrecht aufragenden Kreuz. Für das östliche Empfinden ist der Anblick fast unerträglich.«

Daisetz Taitaro Suzuki, »Der westliche und der östliche Weg« (1957)

»Worin besteht zuallerletzt der grundlegende Unterschied zwischen Jesus und Buddha? Jesus – ein Leidender, der nicht Mitleid verströmt, sondern selber Mitleid erheischt, der nicht in sich ruht, sondern sich total hingibt. So also, als der in Hingabe und Liebe Leidende, unterscheidet sich dieser Jesus nach christlichem Verständnis von Buddha, dem Mitleidenden, unterscheidet er sich unverwechselbar auch von all den vielen Göttern und verspotteten Religionsstiftern, unterscheidet er sich von allen religiösen Genies, Heroen und Zäsaren der Weltgeschichte: als der Leidende, als der Getötete, als der Gekreuzigte.«

Hans Küng, »Christentum und Weltreligionen« (1984)

»Der Buddha und Jesus sind zwei Brüder, die einander helfen müssen. Wir leben in einer Zeit, da überall Zerstörung ist und viele Menschen am Rand der Verzweiflung stehen. Das ist der Grund, weswegen dem Buddha geholfen werden sollte. Das ist der Grund, weswegen Jesus geholfen werden sollte.«

Thich Nhat Hanh, »Jesus und Buddha – ein Dialog der Liebe« (2000)

»Einen Einzigen gibt es, der den Gedanken eingeben könnte, ihn in die Nähe Jesu zu rücken: Buddha. Dieser Mann bildet ein großes Geheimnis. Er steht in einer erschreckenden, fast übermenschlichen Freiheit; zugleich hat er dabei eine Güte, mächtig wie eine Weltkraft. Vielleicht wird Buddha der Letzte sein, mit dem das Christentum sich auseinanderzusetzen hat. Was er christlich bedeutet, hat noch keiner gesagt. Vielleicht hat Christus nicht nur einen Vorläufer aus dem Alten Testament gehabt, Johannes, den letzten Propheten, sondern auch einen aus dem Herzen der antiken Kultur, Sokrates, und einen dritten, der das letzte Wort östlich-religiöser Erkenntnis und Überwindung gesprochen hat, Buddha.«

Romano Guardini, »Der Herr« (1936)

EIN WORT ZUVOR

Ein sehr persönliches Buch legen wir hier vor, keine religionsgeschichtliche Abhandlung. Bilder und Meditationen, keine religionsvergleichenden Studien. Buddha und Christus? An Arbeiten von Religionsspezialisten zu ihrem Verhältnis besteht kein Mangel. Das Besondere unseres Buches liegt woanders. Es sind *erstens* die ganz persönlichen künstlerischen Arbeiten von Gunther Klosinski, die Fotocollagen zu *den* beiden Gestalten, welche die Religionsgeschichte der Menschheit tiefer bewegt haben als andere: Siddhartha Gautama, genannt der Buddha, der Erwachte, und Jesus von Nazareth, genannt der Christus, der Gesalbte.

Und es sind *zweitens* die ganz persönlichen Texte von Karl-Josef Kuschel, die zu diesen Collagen geschrieben wurden. Diese Texte sind gerade keine isolierten, verselbständigten theologischen Reflexionen zu Buddha und Christus oder gar zum Verhältnis von Buddhismus und Christentum. Das reduzierte die künstlerische Arbeit auf bloße Illustration. Sie verstehen sich zunächst als Sehhilfe zur präzisen Wahrnehmung, genauen Beschreibung und engagierten Deutung der Bilder, um dann aber langsam und doch zielgerichtet zur Sache vorzustoßen, die in Buddha und Christus verkörpert ist.

Sinnliches Gestalten ist Aufgabe der Bild-Kunst. Wahrnehmen, Beschreiben, Deuten ist Aufgabe der Wort-Kunst. Beide Künste sind autonom, aber aufeinander angewiesen. Die Bild-Kunst braucht die Wort-Kunst, und zwar in einem doppelten Sinn:

Zum einen für verstehendes Wahrnehmen des künstlerischen Gestalteten. Gewiss: Es gibt auch nichtsprachliches »Verstehen«, ein vorsprachlich-intuitives Erfahren, Erfassen, Ergreifen von Bildern. Aber reflexives Verstehen ist an Sprache gebunden. Das Flüchtige der Begegnung mit Bildern will durch Sprache gebannt sein. Der zunächst sprachlose Eindruck drängt zu einem sprachlichen Ausdruck. Aufgabe also der Wort-Kunst ist es, möglichst im Detail zu benennen, was zu sehen ist. Im Wort »Ästhetik« steckt nicht zufällig das griechische Wort »aisthesis«: sinnliches Wahrnehmen, Erfassen. Um Sinnenverschärfung durch das Wort also geht es – im Bewusstsein, dass kein Kunstwerk durch das Wort »erfasst« oder ausgedeutet werden kann. Bild-Kunst und Wort-Kunst sind zwar aufeinander angewiesen, aber nicht ineinander auflösbar, nicht zur Deckung zu bringen.

Ein *Zweites* kommt hinzu. Die Wort-Kunst ist unverzichtbar für die Kommunikation »nach außen«, mit anderen Betrachterinnen und Betrachtern. Vieles mögen sie bei den hier vorgelegten Bildern ähnlich, manches aber auch anders, möglicherweise sehr verschieden, sehen. Doch nur wer seine Erfahrungen mit dem Kunstwerk artikuliert, setzt sich der Überprüfung aus und stiftet Kommunikation. Kalkuliert macht man sich »angreifbar«, denn der Verständnisebenen und -aspekte sind viele – gerade bei »offenen« Kunstwerken. Und die Arbeiten von Gunther Klosinski sind solche »offenen« Kunstwerke. Sie erlauben ein Vielfaches an Assoziationen, ohne sich in Beliebigkeit aufzulösen. Erst aber die Artikulation im Wort legt die jeweils selektive Wahrnehmung frei und schafft Raum für Ergänzungen und Korrekturen durch Gegenwahrnehmungen. In diesem Sinne also einer ins Wort gebrachten Sinnenverschärfung sowie eines Angebots zum Austausch von Erfahrungen und Gegenerfahrungen ist der Wort-Beitrag in diesem Buch zu verstehen.

Das alles hat auch Konsequenzen für den Inhalt unseres Buches. Erst wenn die Bilder präzise ins Wort gebracht sind, kann die Stärke der Sache spürbar werden, für die der Buddha und der Christus jeweils stehen. Ein wechselseitiger Dialog wird möglich: Übereinstimmungen, Unterscheidungen. Ein Dialog nicht über Beliebiges, sondern über Grund- und Tiefenerfahrungen menschlicher Existenz. Deshalb gestalten wir dieses unser Buch gemeinsam. Wir beide sind bei aller Faszination durch die Künste von den Gestalten des Buddha und des Christus nicht nur angesprochen, sondern herausgefordert, nicht nur inspiriert, sondern ergriffen, nicht nur angeregt, sondern verpflichtet. Verpflichtet, uns Rechenschaft darüber zu geben, um welche Grundhaltungen es im Verhältnis von uns Menschen zur Welt und zum Absoluten geht. Schon viele im Westen haben sich gefragt, was eine so einzigartige Gestalt wie der Buddha gerade für sie bedeuten mag. *Hermann Hesse* gehört zu ihnen. In seinem unvergessenen Roman »Siddhartha« von 1922 hat er seinen »Helden« direkt mit der Figur des Buddha konfrontiert. Die Dialoge Siddhartha – Buddha gehören zu den kostbarsten Passagen in dieser »indischen Dichtung«. Im selben Jahr 1922 nimmt Hesse auch eine Buchbesprechung zum Anlass, das Verhältnis von Europäern zur Figur des Buddha noch genauer zu beschreiben. Wir finden, dass Hesses Äußerungen auch heute noch des Nachdenkens wert sind. »Wir sehen in fast ganz Europa sich eine religiöse Welle erheben, vielmehr eine Welle religiöser Not und Verzweiflung, eines Suchens und Sichängstens, und viele reden schon, etwa wie man von einem künftigen Staatenbund redet, von der ›kommenden Religion‹«, schreibt Hesse am 16. August 1922 in der »Neuen Zürcher Zeitung« und fährt fort: »Ich glaube nicht an das baldige Kommen dieser ›neuen‹ Religion; Religionen haben einen langen Atem und eine lange Werdezeit, und das sehnsüchtige Konstatieren eines religiösen Minus, ja eines religiösen und seelischen Zusammenbruchs ist wohl ein ernstes Zeichen, keineswegs aber schon das Versprechen eines neuen.

In dieser Not richten sich die Blicke ganz von selbst mit neuem Suchen nach den wenigen großen Gestalten der Heiligen und Erlöser, und Jesus, Buddha, Lao Tse hören auf, ›interessante‹ Personen und Studienobjekte zu sein, sie werden wieder zu dem, was sie für ihre Gläubigen immer waren: zu Wundern, zu Vollkommenen und Heiligen, und unsere Sehnsucht fragt neu, aus rein vitalem Antrieb, nach den Wegen, welche jene Vollkommenen gegangen sind … Sobald wir aufhören, die Lehre Buddhas rein intellektuell zu betrachten und uns mit einer gewissen Sympathie für den uralten Einheitsgedanken des Ostens zu begnügen, sobald wir Buddha als Erscheinung, als Bild, als den Erwachten, den Vollendeten zu uns sprechen lassen, finden wir, fast unabhängig vom philosophischen Gehalt und dogmatischen Kern seiner Lehre, eines der großen Menschheitsvorbilder in ihm. Wer aufmerksam auch nur eine kleine Zahl der zahllosen ›Reden‹ Buddhas liest, dem tönt daraus bald eine Harmonie entgegen, eine Seelenstille, ein Lächeln und Drüberstehn, eine völlig unerschütterliche Festigkeit, aber auch unerschütterliche Güte, unendliche Duldung. Und über die Wege und Mittel, zu dieser heiligen Seelenstille zu gelangen, sind die Reden voll von Ratschlägen, von Vorschriften, von Winken.«
Wir können diesen Sätzen Hesses zustimmen. Auch für uns ist nicht der »philosophische Gehalt und dogmatische Kern« der

buddhistischen Lehre entscheidend (die Lehre von Karma, Wiederverkörperung, Sansara und Nirwana), sondern die Gestalt des Buddha als »eines der großen Menschheitsvorbilder« im Streben nach »Seelenstille«. Zugleich aber wollen wir sein »Lächeln und Darüberstehen«, seine »völlig unerschütterliche Festigkeit«, seine »unerschütterliche Güte, unendliche Duldung« konfrontieren mit dem Schrei des Gekreuzigten zu Gott und uns fragen: Welche Grundfragen wirft dies auf für das jeweilige Gottes- und Menschenbild? Was eint den Buddha und den Christus, was trennt sie?
Unsere persönlichen Fragen und Antworten im Zusammenspiel von Bild-Kunst und Wort-Kunst wollen wir mit unseren Betrachterinnen und Betrachtern, Leserinnen und Lesern teilen.

Tübingen, im November 2008
Karl-Josef Kuschel | Gunther Klosinski

10

12

I.

BUDDHA — DER ERWACHTE

1. GEIST UND SCHÖNHEIT: DER KOPF DES BUDDHA

Warum schlägt mich dieses Bild so in Bann? Warum kann ich mich an dieser Collage nicht sattsehen? Der Kopf des Buddha schwebend über verwitterten, gespitzten Holzpfählen.

Es ist zunächst der ungemein eindrückliche Kontrast, der mich berührt. Es ist auch das Spiel des Lichts, das der Künstler nutzt: Das Licht, das einige der Hölzer grell aufleuchten lässt und das zugleich auf dem Gesicht des Buddha matt und sanft sich verteilt. Hell-Dunkel-Kontraste, die dem ruhigen, geschlossenen Gesicht trotzdem eine große Lebendigkeit geben. Ein Licht-Schatten-Spiel von ungemeinem Reiz.

Hintergrund – Vordergrund. Bild – Gegenbild als zwei Dimensionen. Davon lebt diese Collage. Im Hintergrund die Spitzen der einzelnen Hölzer. Durch die artifizielle Vergrößerung wirken sie fast wie zerklüftete Berggipfel. Im Vordergrund das ruhige, geschlossene Gesicht des Siddhartha Gautama. Im Hintergrund die Witterungsspuren der organischen Materie mit ihren Spitzen, Rissen und Sprüngen. Im Vordergrund der schön geformte Kopf aus Bronze. Die Bruchstellen des Holzes einerseits, andererseits die Harmonie des Metalls.

Welch ein Gesicht! Schön die geformte Stirn, fein die angedeuteten halb geschlossenen Augen, harmonisch die geformte Nase, reizvoll der zu einem Lächeln leicht gespannte Mund.

Äußerlich scheint alles ruhig. Im Innern des Antlitzes aber wird eine Dynamik spürbar, sichtbar gemacht nicht nur durch die Licht- und Schattenspiele, sondern auch durch die kontrastiven Linien in diesem Gesicht. Der streng symmetrisch geflochtene Haarkranz gibt als Halbrund eine glatte, wohlgeformte Stirn frei. Die damit angedeutete, leicht geschwungene waagerechte Linie wird wieder aufgenommen durch die beiden leicht geschwungenen Bögen der Augenbrauen, die sich gegenläufig noch einmal sanft wiederholen in den angedeuteten Augenhöhlen und Augenlidern, bevor dann eine Linie steil und scharf senkrecht nach unten abfällt, dunkel-hell in Streifen wunderbar kontrastierend. Nur um hinzuführen auf und gleichzeitig »aufgefangen« zu werden durch eine erneute waagerechte Linie, doppelt geführt: die kleinen waagerechten Bögen der Nasenflügel und der Dreifach-Strich der zu einem Lächeln sich fügenden Lippen. Welch eine Bewegung in diesem scheinbar ruhigen, friedlichen Antlitz allein durch das Spiel des Lichts und der Linien.

Nicht die Gesichtsmaske eines Menschen ist hier abgebildet, sondern dessen Antlitz – voll des lebendigen Geistes. Bewegung in aller

Ruhe, Ruhe in aller Bewegung. Inneneinkehr, Sammlung, Konzentration. Die Stille? Geatmet. Der Atem? Kontrolliert. Im Innern gebündelte geistige Energie. Aber diese Energie tritt auf der Außenfläche dieses Gesichtes undramatisch zutage. Das Gesicht – ein Spiegel der Seele.

Und dann der Kontrast, mehr noch: der harte Gegensatz. Im Vordergrund das Ruhe, Frieden, Souveränität und Überlegenheit ausstrahlende Gesicht. Im Hintergrund eine zerrissene, zerklüftete Welt. Der Künstler nutzt die Collagetechnik, um zwei Sinndimensionen in diesem Bild zu erzeugen und sie in Spannung zueinander zu bringen. Dialoge werden möglich, deren Ausgang unbestimmt ist.

Ich nehme wahr: Der Kopf scheint über dieser Welt zu schweben, scheint eingeschwebt zu sein aus einer anderen Welt; die Collage ermöglicht solche Effekte. Der Kopf des Buddha scheint von den Abgründen unberührt. Und doch stehen beide Welten in engster Beziehung zueinander: Die Welt der Risse und Sprünge, die Welt des Unbehauenen und Zugespitzten, symbolisiert in den Pfählen aus Holz. Und die Welt des Geistes, der Versenkung, der Inneneinkehr, symbolisiert im Antlitz des Buddha. Er steht in der Religionsgeschichte der Menschheit wie keine andere Figur für die Grunderkenntnis, dass die Welt zerrissen und leidvoll ist, es aber aus dieser Welt der Zerrissenheit und des Leidens einen Weg der Befreiung gibt: durch innere Versenkung, durch Meditation, durch Kontrolle des Atmens, durch Kontrolle der Sinne, durch Kontrolle der Triebe: Sammlung, höchste Achtsamkeit, innere Ruhe, konzentrierte Geistesgegenwart.

In und über der zerklüfteten Welt – das Lächeln des Buddha. Kein Weglächeln. Der Buddha ist nicht erhaben über der Zerrissenheit der Welt. Sein Lächeln aber signalisiert eine letzte Unerschüttertheit in und trotz dieser Welt.

2. DER BUDDHA UND DER SCHATTENMANN

Konzentrieren wir uns zunächst auf die Buddha-Gestalt, die uns hier begegnet. Eine andere Figur ist jetzt zu sehen: ein Buddha in stehender Haltung. Sein ganzer Körper, von der Spitze des Haupts bis zu den Spitzen der Zehen, ist sichtbar.

Die buddhistische Kunst kennt Buddha-Figuren mit verschiedenen Körperhaltungen: sitzend, stehend, auch liegend. Kennt verschiedene Haltungen von Händen und Fingern. Entscheidend dabei: Die Körpersprache folgt einem festgelegten Normenkanon:

– In der Regel wird der Buddha barfüßig gezeigt. Er war nun einmal ein Wanderer.

– In der Regel trägt der Buddha eine schlichte Robe ohne jeden Schmuck, selbst wenn er als Erwachter mit Gold oder Edelsteinen überzogen sein sollte. Er war nun einmal ein Mönch, ein Hausloser.

– In der Regel verweisen die Hände mit ihren verschiedenen Gesten sowie der Kopf mit seinem klar gegliederten Aufbau je verschieden auf die Lehre des Buddha oder den Zustand seiner Erlöstheit. Er war und er bleibt ein Lehrer der Menschen, am Ende selber ein Erleuchteter, ein Erwachter, der anderen den Weg zu diesem Erwachen vermitteln will.

Nehmen wir den Kopf dieser schönen Figur in den Blick. Auch hier wieder die mandelförmigen, halb geschlossenen Augen. Sie verleihen auch diesem Gesicht einen weltentrückten Ausdruck.

Wieder das schön geknotete Haupthaar, das aber hier sich in einem weiteren Knoten noch einmal verdichtet. Diese Form der Haarstruktur symbolisiert die Lebensenergie und die höhere Kraft des Meditierenden. Denn das zu einer Kräuselfrisur stilisierte Haupthaar des Buddha verbildlicht die Beherrschung der Lebensenergie und die zielgerichtete Kraft seiner Versenkung. Die Wölbung auf dem Scheitel – ursprünglich der Haarknoten hinduistischer Asketen an der Stelle, wo nach indischer Auffassung die Seele des Menschen ein- und austritt – symbolisiert die »Erleuchtungserhebung« des Buddha als Zeichen seines Erwachens.

Diese »Erleuchtungserhebung« kann verschiedene Ausformungen haben: flach wie in China, konisch wie in Kambodscha, spitz oder in Form einer Flamme wie in Thailand, so auf unserem Bild. Oft befindet sich zwischen den Augenbrauen noch ein kleines rundes Mal. Viele nennen es das »dritte Auge« des Buddha. Gemeint ist wohl eher ein Symbol für die Weisheit des Erwachten: ein Mal, aus dem das Licht der Erkenntnis und der Güte strömt. Es kann durch einen Edelstein, ein Kristall oder eine seltene Perle gekennzeichnet sein.

Auffällig auch die langgezogenen Ohrläppchen, an dieser Figur besonders gut zu sehen. Biographisch verweisen sie auf die fürstliche Abkunft des Mannes aus der Familie der Shakya; in solchen Familien wird zur Zeit des Buddha schwerer Ohrschmuck getragen. Spirituell verweisen sie auf die Fähigkeit des Buddha, der inneren Stimme zu lauschen und so im geistigen Sinne ein »Weltenherrscher« zu sein.

Charakteristisch auch die Haltung der Hände. Wenn Daumen und Zeigefinger in der rechten Hand sich berühren, ist dies die Geste der Lehrdarlegung. Wenn die andere Hand zum Betrachter hin geöffnet ist, ist dies die »Ermutigungsgeste«. Der Gläubige wird aufgefordert, dem Buddha näherzutreten und seiner Lehre zu lauschen. Denn diese Lehre will Schutz sein vor allen Ängsten des Daseinskreislaufs.

Ikonographisch ist die Buddha-Figur damit entschlüsselt. Mit dem Bild selber bin ich noch lange nicht fertig. Wie aber die verschiedenen gegenläufigen Sinnebenen in dieser Collage ins Wort bringen? Alles auf diesem Bild scheint durch die ins Wasser versenkten Holzpfähle dominiert. Sie wirken wie eine Kulisse, wie eine Projektionsfläche. Das Holz ist aufgesprungen, rissig, im Übergang zum Wasser leicht faulig. Es scheint eine lange Geschichte hinter sich zu haben, dieses Holz. Feuchtigkeit und Eiseskälte ließen es aufspringen.

Wunderbar die Spiegelung im Wasser. Die Pfähle erscheinen dadurch nicht nur wie verlängert, sondern wie aufgelöst. Das Feste verflüssigt sich, das Flüssige wird fest. Dem Wasser scheint das Holz zu entsteigen, das Holz in Wasser überzugehen. Kalkulierte Grenzverwischungen in diesem Bild.

In diese Welt hat der Künstler zwei »schwebende« Figuren gesetzt: einen Buddha vor dem Pfahl links, schwebend-stehend auf einer Art Sockel über dem Wasser, und einen Schattenmann, projiziert auf den rechten Pfahl. Anrührend dieser kleine Buddha. Seine Figur drängt sich nicht auf, ist kleindimensioniert. Man lächelt als Betrachter unwillkürlich, so überraschend tritt die Figur hier in Erscheinung. Puppengleich, marionettenhaft. Doch plötzlich gewinnt die hier gezeigte Welt eine andere Dimension. Sinn-Eröffnung. Er scheint von weit her zu kommen, dieser

Buddha. Eine Er-Scheinung. Plötzlich ist er da und lehrt mit ruhiger Geste das, was er immer lehrt: Brüchig, flüchtig, instabil ist die Welt. Die abgebröckelte Lackbemalung auf seiner Figur deutet an, dass er nicht unberührt geblieben ist von der Wirklichkeit des Lebens. Er hätte eine Geschichte zu erzählen. Lebensspuren bedecken seinen Körper.

Und daneben auf dem rechten Pfahl die Schattengestalt eines Menschen. Offensichtlich die Figur desjenigen, der die Fotoaufnahme vollzog. Der Künstler zeigt sich selber auf diesem Bild als Schattenfigur. Indem er aber den Zusammenhang zwischen dem realen Buddha und sich als Schattenmann herstellt, verweist er mit seinen Mitteln auf das, was der Buddha lehrte: Alles Irdische ist nicht wirklich. Das Leben? Eine flüchtige, illusionäre Erscheinung. Maya, Täuschung. Schattenhaft, schillernd, schlingernd wie die Lichtspiegelungen im Wasser auf diesem Bild.

Der Buddha hat nicht zufällig – nach den in den kanonischen Überlieferungen greifbaren Reden – das Bild des Wassers benutzt, um die »Wesenlosigkeit des Weltdaseins« zu erläutern. Auf diese Weise will er alle Vorstellungen des Menschen von einem eigenständigen Selbst unterlaufen, die Welt in ihrer Nichtbeständigkeit durchschauen und so die Freiheit von der Welt lehren:

»Wie wenn, ihr Mönche, dieser Gangesstrom eine große Schaummasse mit sich führte; die sähe ein Mann mit scharfem Auge an, dächte darüber nach und prüfte sie gründlich – und wenn er sie ansieht, nachdenkt, und sie gründlich prüft, erscheint sie ihm leer und nichtig und ohne Kern, denn was für einen Kern, ihr Mönche, hätte wohl eine Schaummasse? –

Ebenso, ihr Mönche, steht es mit aller Körperlichkeit, die es nur immer geben mag, vergangener, künftiger, gegenwärtiger, in uns oder außerhalb, stark oder zart, gering oder hoch, in Ferne oder Nähe: die sieht der Mönch an, denkt über sie nach und prüft sie gründlich. Und wenn er sie ansieht, nachdenkt und sie gründlich prüft, erscheint sie ihm leer und nichtig und ohne Kern: Denn was für einen Kern, ihr Mönche, hätte wohl die Körperlichkeit?

Wie wenn, ihr Mönche, in der Herbstzeit der Himmel regnet und mächtiges Spritzen sich erhebt, und dann im Wasser eine Blase entsteht und wieder platzt; die sähe ein Mann mit scharfem Auge an, dächte darüber nach und prüfte sie gründlich – und wenn er sie ansieht, nachdenkt und sie gründlich prüft, erscheint sie ihm leer und nichtig und ohne Kern, denn was für einen Kern, ihr Mönche, hätte wohl eine Wasserblase? …

Wie wenn, ihr Mönche, ein Zauberkünstler oder eines Zauberkünstlers Gehilfe an einer Hauptstraße einen Zaubertrug erscheinen ließe; den sähe ein Mann mit scharfem Auge an, dächte darüber nach und prüfte ihn gründlich – und wenn er ihn ansieht, nachdenkt und ihn gründlich prüft, erscheint er ihm leer und nichtig und ohne Kern: Denn was für einen Kern, ihr Mönche, hätte wohl Zaubertrug? –

Ebenso, ihr Mönche, steht es mit allem Erkennen, das es nur immer geben mag, vergangenem, künftigem, gegenwärtigem, in uns oder außerhalb, stark oder zart, gering oder hoch, in Ferne oder Nähe: das sieht der Mönch an, denkt darüber nach und prüft es gründlich. Und wenn er es ansieht, nachdenkt und es gründlich prüft, erscheint es ihm leer und nichtig und ohne Kern: denn was für einen Kern, ihr Mönche, hätte wohl das Erkennen?«

3. ÜBER DEN WASSERN

Wieder ein Buddha über dem Wasser, diesmal in sitzender Haltung. Die ausgestreckten Finger der rechten Hand weisen nach unten, in die Tiefe, zur Erde. Sie, diese Erde, wird mit dieser Geste als Zeugin für die Wahrheit der Worte des Buddha und für die Unerschütterlichkeit in der Meditation angerufen. Es ist die »Erdberührungsgeste«.

Auf dieser Collage aber verweist der Buddha nicht auf die Erde, sondern in das Wasser. Klein ist er auch hier von Gestalt. So wird alles auf diesem Bild zum Symbol: Nicht durch äußere Macht und Kraft bewegt der Buddha die Welt, sondern nur durch die Kraft seines Geistes. Eine Energie vermag er freizusetzen, welche gleichsam die Erdenschwere aufzuheben und einen Zustand der Schwerelosigkeit herbeizuführen vermag.

Es ist, als ob der Buddha durch die Kraft seines Geistes das Wasser besänftigt und die Felsen »gezwungen« hätte, sich aus dem Wasser zurückzuziehen. Der Prozess des Rückzugs spiegelt sich noch im Felsmassiv, dessen Ränder wie zerlaufen erscheinen. Als hätte das Felsmassiv sich gerade aus dem Wasser erhoben, als habe zunächst alles noch getropft, bevor es erstarrte.

So entsteht ein scharfer Kontrast auf diesem Bild, vollzogen durch die Scheidung von Wasser und Felsen. In der unteren Hälfte das schimmernde Wasser, dessen Grün allmählich in ein Braun-Grau übergeht. Dann noch eine Zone porösen Gesteins, bevor sich alles zu einem gewaltigen Massiv auftürmt. Wasser, poröser Fels, massiges Gestein. Und zwischen beiden Welten stellt der Buddha die Brücke her: zwischen dem Wasser und dem Gestein, zwischen dem Flüssigen und dem Festen, zwischen dem Weichen und dem Harten. Sitzend schwebt er über den Wassern. Leib und Kopf aber ragen bereits in die Region des Felsens. Ich blicke vom befriedeten Gesicht des Buddha auf das beruhigte Wasser. Mir wird klar, wie sehr das Wasser hier zum Spiegel der durch Meditation beruhigten, befriedeten Seele dieses Menschen geworden ist. Eines der eindrücklichsten Gedichte Johann Wolfgang von Goethes kommt mir in den Sinn, niedergeschrieben auf einer Reise in die Schweiz im Jahre 1779:

»Des Menschen Seele
Gleicht dem Wasser:
Vom Himmel kommt es,
Zum Himmel steigt es,
Und wieder nieder
Zur Erde muss es,
Ewig wechselnd.

Wind ist der Welle
Lieblicher Buhler;
Wind mischt vom Grund aus
Schäumende Wogen.

Seele des Menschen
Wie gleichst du dem Wasser!
Schicksal des Menschen,
Wie gleichst du dem Wind!«

4.   VON DER GEGENKRAFT DES GEISTES

Auf den ersten Blick erkennt man Jahresringe, gewachsen in Jahrhunderten an einem Holz. Ein Astloch ist noch erkennbar. Auch Spalten, Risse. Aber alles ist in dieser Collage so vergrößert, dass die Ringe wie dynamische Kraftfelder wirken. Es ist, als ob die innere geistige Energie des Buddha nach außen sichtbar gemacht sei, so ist die ganze Welt in Schwingung geraten. Und umgekehrt als Gegenbewegung: Es ist, als ob die dynamischen Energiefelder der Welt um diese Figur kreisen, sie umspielen, an ihr abprallen und wieder zu ihr hinschwingen. Es ist, als könne dieser Eine die Welt mit der Kraft seines Geistes in Schwingung versetzen, ohne dass die fließenden Energiefelder ihn mitreißen oder zerstören.

Der Kopf des Buddha ist in das »Astloch« des Bretts hineincollagiert. Das »Loch« wirkt auf einmal als schwarzer Nimbus und als Energiefokus zugleich. Es ist, als bündelten sich alle Energien des Raums in diesem Kopf, als strebten alle Energien auf diesen einen Punkt hin.

Ungemein komplex ist auch hier das Spiel der Farben. Ich kann mich nicht sattsehen an den Linien, die das Bild durchziehen, Kreise bilden, Gegenkreise, Bahnen, Gegenbahnen, Wirbel, Gegenwirbel. Nicht sattsehen an den Übergängen von einem Feld in das nächste.

Die weißen Farbschattierungen im Vordergrund mischen sich allmählich mit den braunen, bevor das Weiß ganz zurücktritt und den verschiedenen Brauntönen Raum gibt. Und dieser Raum pulsiert. Alles ist in Bewegung. Die Brauntöne verlaufen über das ganze Bild, verteilen sich mal heller, mal dunkler, mal intensiver, mal leichter. Der ganze Raum? Eine Symphonie aus Braun.

Und dann der Buddha. Und wieder frage ich mich: Warum schlägt mich diese Figur so in Bann, warum lässt sie mich nicht los, diese Gestalt mit der Schönheit ihrer Form und mit der Sprache ihres Körpers? Ich erinnere mich, einmal einen Brief und ein Gedicht von *Gottfried Benn* gelesen zu haben. Meine Frage wurde hier besprochen und auf Benn'sche Weise beantwortet. Ich hole den entsprechenden Briefband herbei und schlage nach. 1936: Gottfried Benn hatte sich – kurze Zeit verführt durch die Nazi-Ideologie – als Militärarzt der Deutschen Wehrmacht reaktivieren lassen. Jetzt ist er in Hannover stationiert. Einsamer denn je. In seinen künstlerischen Ausdrucksformen und geistigen Grundhaltungen isoliert, bisweilen von der Nazipropaganda angefeindet.

Sein kongenialer Briefpartner in dieser Zeit ist der Bremer Großkaufmann F.W. Oelze. Dieser macht zum Neuen Jahr 1936 Benn ein überraschendes Geschenk: eine Buddha-Figur. Seinem Brief vom 7. Januar '36 fügt er hinzu: »Gestatten Sie diesem Eindringling, die vor Ihrer neuen Einsiedlerhöhle liegende

Kette zu durchbrechen. Er kommt ohne Geräusch, lächelnd, wie es dem Weisen ziemt, wenn er zum Weisen geht. Mehr als fünfzehn Jahre wachte dieses undurchdringliche Lächeln über meinem Schreibtisch, – nie veränderte sich sein Antlitz … Nehmen Sie ihn nun auf – aus dem Bezirk des Vergänglichen in Ihre höheren Reiche. Gönnen Sie ihm, dem schweigenden Hausgenossen, einen Platz in Ihrer Welt. Da möge er noch Jahre und Jahrzehnte stummer Zeuge sein eines Lebens der Erfüllung im Geist.« Die Bedeutung Buddhas für die Welt eines europäischen Betrachters? Die entscheidenden Stichworte scheinen mir hier genannt: undurchdringliches Lächeln in einem sich nie verändernden Antlitz. Schweigender Hausgenosse. Stummer Zeuge eines Lebens der »Erfüllung im Geist«. Man spricht damit Menschen an, welche die »Einsiedlerhöhle« lieben oder zu ihr verdammt sind.

Gottfried Benn dankt seinem Partner in einem Brief vom 9. Januar 1936 und spielt sofort auf die »Balance der Formen« an. Sie hatte er bei der Figur des Buddha gleich entdeckt:

»Ein wunderbarer Buddha! Ein göttliches Stück. Die Balance der Formen vollendet, man kann auch sagen, die Bilanz der Formen ohne Rest gelöst. Erzählen Sie mir bitte von ihm. Wo stammt er her? Aus welchem Land, aus welcher Zeit? Von wo haben Sie ihn bekommen? Ich stehe den ganzen Nachmittag still vor ihm. Er strömt etwas aus, etwas ganz Unendliches.«

Auch hier die entscheidenden Stichworte: Man wird still vor dieser Figur. Steht lange. Man ist kein Wissender, schon gar kein Besserwissender. Man wird zu einem wortlos Schauenden, stumm Betrachtenden. Warum? Weil man spürt, ohne es schon sagen zu können, weil man ahnt, ohne schon begriffen zu haben, dass diese Figur etwas Besonderes ausstrahlt, etwas »ganz Unendliches«! Etwas, das uns fehlt, das wir möglicherweise ersehnen. Als Benn von Oelze präzise Auskünfte über die Herkunft des Buddha bekommt, reagiert er noch einmal, wobei er den Buddha – möglicherweise hatte er in Oelzes Brief etwas missverstanden – »Haingott« nennt. Mittlerweise hatte ihn die Figur zu einem eigenen Gedicht herausgefordert.

»O, Herr Oelze, was für einen wunderbaren Brief haben Sie Ihrem Buddha beigelegt. … Es geht uns allen gleich, eingemauert in die Betriebsbelange und Bezugsverfügungen des Machtsystems. Auch Ihrem *Haingott* ging es so, ich stellte ihn auf ein Bücherregal, über ihm hing ein alter Regulator. (Ich liebe Uhren.) Grotesk. Gestern in einer Nachmittagsstunde belebte sich alles u trat hervor, der ganze Widersinn. Ich dachte: *Interieur*:

Schöner Gott
Unter der Pendeluhr,
welch ein Spott
in Deine Lotusflur!

Schläge, Schreiten
Stunden und Stunden – sinn
vor Ewigkeiten,
Rätsel u. Anbeginn.

Ein Ziel, ein Zeigen,
Wirken um wann u. wen,
wo Götter schweigen
und Sonn' u. Mittag stehn,

und lächeln allen
und Alles ist sich nah –
die Zeiger fallen,
und nur der Gott ist da.«

In einem Privatdruck von 22 Gedichten erscheint der Text erstmals im August 1943. In der Zwischenzeit hatte Benn an diesem Gedicht noch einige kleine Änderungen vorgenommen. Sie verdeutlichen noch stärker, was Benn an der Buddha-Figur entdeckt und erkannt hat:

»INTERIEUR
(Haingott mit Buddhazügen, 17. Jahrh.)

Gangesgott
unter der Pendeluhr –:
welcher Spott
in Deine Lotosflur!

Schläge, Zeiten,
Stunden und Stundensinn
vor Ewigkeiten,
Rätsel und Anbeginn!

Zielen, Zeigen,
Rufen für wann und wen,
wo dort im Schweigen
die alten Tiefen stehn,

Die lächeln allen,
und alles ist sich nah –,
die Zeiger fallen
und nur der Gott ist da.«

Stille werden, Spüren von »etwas Unendlichem«, Balance der Formen, Lebensweisheit, ausgedrückt in einem »undurchdringlichen Lächeln«, Leben im Zeichen der Hingabe an den Geist: Das alles ist die Gegenerfahrung zu einer Welt, in der man »in die Betriebsbelange und Bezugsverfügungen des Machtsystems« wie »eingemauert« ist.

Benns Nachdenken über die Bedeutung der Buddha-Figur hat genau hier ihren lebensgeschichtlichen Ort. Angesichts der faschistischen Verrohung des Geistigen, angesichts der rücksichtslosen Durchsetzung des »Lebens« auf »Kosten des Geistes« sieht Benn im Geistigen das Gegenprinzip des Lebens: »Die Witterung ist da. Und die Zeichen am Himmel auch von der Niederringung des Lebens durch den Geist«, schreibt er an Oelze am 6. April 1936. »Aber, und nun greife ich zurück, sollen das viele wissen? Alle die armen Hunde, die *leben* müssen u Weib u Kind erhalten u. sich lieb u. gut haben wollen, rechtschaffen, treu, pflichtbewusst –, offenbar will doch die Schöpfung im Moment noch garnicht eingreifen, um sie alle zu vernichten. Lassen wir sie krebsen, feiern wir mit ihnen Neujahr u. Konfirmation. Der Pilz ist da, der Keim ruht nur, bald wird er leuchten u das Leben brandig machen und wo wir dann sind – chi lo sa? Weit sind wir u nur Asien war groß, lassen Sie das unerklärliche Lächeln Ihres schönen Haingottes über alles glänzen. –«

Ich mache mir am kleinen Briefwechsel Oelze – Benn über die Buddha-Figur noch einmal klar, was für viele im Westen der Buddha bedeutet. Entscheidend ist nicht die auf indischen Voraussetzungen beruhende Philosophie: die Lehre von Karma, Sansara, Wiederverkörperung und Nirwana. Entscheidend ist die in Buddha verkörperte innere geistige Energie, die hier sinnlich erlebte gebündelte Konzentration, die ruhige Sammlung der geistigen Kräfte, die Fähigkeit zu innerer Harmonie und seelischem Frieden durch meditative Versenkung – angesichts einer oft chaotischen, hektischen, zerklüfteten Welt.

5. DER BUDDHA ALS ARZT

Ein aufrecht stehender Buddha. Mit der rechten, nach oben gestreckten, geöffneten Hand vollzieht er dem Betrachter gegenüber die »Ermutigungsgeste«. Mit der linken Hand, ebenfalls geöffnet, aber nach unten zeigend, macht er die »Geste der Wunschgewährung«. Was gewährt der Buddha denen, die sich auf seine Lehre einlassen? Die Collage stellt ihn neben einen Palmbaum, aus dem ein Zweig brutal ausgehauen scheint. Eine »Wunde« ist noch zu sehen. Die »Haut« des Baums ist aufgebrochen. Ein Stumpf ist vom Ast noch übriggeblieben. Der Organismus wirkt wie verstümmelt, wie verletzt.

Aber welch eine Dramatik der Formen und Farben auf diesem Bild. Die Sprache ist zur Ohnmacht verurteilt, wollte sie die Präsenz und Verteilung des Farblichen auch nur benennen: all die Wechselspiele, Übergänge, Linienführungen, Streifencodes. Nicht zu re-

den von all dem, was sich zu Klein- und Großstrukturen bündelt und wieder auflöst. Die Bild-Kunst ist zu beneiden um die sinnliche Evidenz, über die sie souverän verfügt, die sie nach Belieben herstellen kann. Wortlos. Aber reich an Möglichkeiten des Ausdrucks.

Der Baum ist Symbol des Lebens, und der Buddha gewährt Einsicht in die Grundstruktur des Lebens. Nach Aufgabe einer luxuriösen Existenz voll von Privilegien eines Fürsten, hatte Siddhartha Gautama erkannt: Das Urproblem des Menschen ist die Konfrontation mit dem Leiden, physisch und psychisch. Nichts im Leben ist verlässlich. Kein Glück stabil, keine Ordnung gesichert. Alles ist veränderlich, vergänglich. Alles ist von anderen abhängig. Deshalb sind alle Erfahrungen des Lebens, auch die des Glücks und des Gelingens, weil nicht dauerhaft, mit Leiden durchmischt. Dieses Leiden aber kommt aus der Lebensgier des Menschen, entspringt dem Drang nach Haften am Leben, kommt von der Unfähigkeit, loszulassen und das Ego preiszugeben. Es ist der Durst nach Leben, der uns vom wahren Leben entfremdet.

Nach sieben Jahren des Suchens und Lernens bei verschiedenen Wanderasketen, ja nach einer Zeit einsamster, strengster Askese, gelangt Siddhartha in langen Meditationen zur entscheidenden Erkenntnis, zur Antwort auf die vier Urfragen: Was ist das Leiden? Wie entsteht es? Wie kann es überwunden werden? Welches ist der Weg zur Überwindung

des Leidens? Nach buddhistischer Überlieferung übermittelt der Buddha jetzt seine »Vier Edlen Wahrheiten« in einer ersten Predigt seinen ersten fünf Schülern, und zwar im Gazellenhain von Sarnath bei Varanasi (Benares). Sie, die ihn in der Zeit strengster Askese verlassen hatten, werden jetzt die ersten Mönche und damit zu Begründern der buddhistischen Mönchsgemeinschaft (Sangha):

»Dies, Mönche, ist die Edle *Wahrheit vom Leiden:* Geburt ist leidhaft, Alter ist leidhaft, Krankheit ist leidhaft, Tod ist leidhaft; Trauer, Jammer, Schmerz, Gram und Verzweiflung sind leidhaft; mit Unlieben vereint, von Liebem getrennt sein ist leidhaft; Begehrtes nicht erlangen ist leidhaft.

Dies, Mönche, ist die Edle *Wahrheit vom Ursprung des Leidens.* Es ist die Wiedergeburt bewirkende, mit Freude und Vergnügen verbundene Gier, die hier und dort Gefallen findet, nämlich: die Gier nach Lust, die Gier nach Werden, die Gier nach Vernichtung.

Dies, Mönche, ist die Edle *Wahrheit von der Aufhebung des Leidens:* Die restlose Aufhebung, Vernichtung, Aufgabe, das Verwerfen, Freigeben, Ablegen dieser Gier.

Dies, Mönche, ist die Edle *Wahrheit von dem zur Aufhebung des Leidens führenden Weg,* es ist dies der Achtspurige Weg, das heißt: Rechte Ansicht, Rechter Entschluss, Rechte Rede, Rechtes Verhalten, Rechter Lebensunterhalt, Rechte Anstrengung, Rechte Achtsamkeit, Rechte Meditation.«

Ein »Gott« wollte Buddha nie sein und auch nie als solcher verehrt werden. Ein Arzt schon. Denn seine Lehre versteht er als Kraft, die Wunden dieser Welt zu heilen.

Der Aststumpf am Palmbaum und der im Zustand der Vollendung gezeichnete Buddha: sie gehören zusammen. Der zerrissene Organismus, das verwundete, verstümmelte Leben und die goldene Gestalt, mit stilisiertem Prachtgewand als vollendet gezeigt. Sie treten in einen Dialog miteinander. In einen Dialog des Lebens. Die Collage zeigt beides: die klaffende Wunde und den Arzt, das Unheil und den Heiler mit der Geste der »Wunschgewährung«.

6. DER BUDDHA DER MACHT UND DER BUDDHA DER MEDITATION

Es gäbe in Indien Menschen, die den »Geboten des Buddha« folgten und ihn wegen seiner übergroßen Heiligkeit »wie einen Gott« verehrten. Um das Jahr 200 n. Chr. notiert dies in der ägyptischen Hafenstadt Alexandria ein Gelehrter namens Clemens. Er ist einer der später sogenannten »Kirchenväter« der griechisch sprechenden Christenheit. Seine karge Notiz ist aufregender als sie scheint. Sie ist die allererste in der Welt der Christenheit, die von der Existenz des Buddhismus Zeugnis gibt. Zu diesem Zeitpunkt ist der Buddhismus grob geschätzt mehr als 600 Jahre alt und längst über »Indien« hinausgewachsen.

»Wie einen Gott verehren«: In der Geschichte des Buddhismus – allen Abwehrversuchen Siddharthas zum Trotz – ist der Buddha zu monumentaler Größe aufgestiegen, zu einer Mächtigkeit, die er zu Lebzeiten von sich gewiesen hätte. Die Collage macht dies auf eindrückliche Weise sichtbar. Sehr verschiedene Buddhas treten uns hier entgegen.

Da sind zum einen die aus riesigen Steinen zusammengesetzten Buddha-Köpfe von monumentaler Größe. Überdimensional gefügt aus gewaltigen Quadern. Ausdruck eines Formwillens, der einem Bewunderung abnötigt. Raffiniert ist der Ausschnitt durch den Fotografen

so gewählt, dass zwei monumentale Gesichter auf diesem Bild sichtbar werden, »en face« und seitlich. Zugleich wird, nicht weniger kalkuliert, mitten in diese monumentale Welt mächtiger buddhistischer Selbstdarstellung die schlichte, kaum auffällige, bescheiden dimensionierte Figur eines Meditations-Buddha hineincollagiert, listig-subversiv die Monumentalität konterkarierend.

Bei dem Bild im Hintergrund handelt es sich um eine Aufnahme aus dem Gebiet von Angkor Wat, der später weltberühmten Tempelanlage in Kambodscha. Genauer: Sie stammt aus Angkor Thom, nur wenige Kilometer von Angkor Wat entfernt. Die zwei großen monumentalen Gesichter stellen den Bodhisattva dar, genauer den sogenannten »Bodhisattva Avalokiteshvara«, was wörtlich übersetzt heißt: »Der Herr, der mitleidsvoll herabschaut« oder »Der Herr, der die Schreie der Welt erhört«.

Dahinter steckt eine geschichtlich folgenreiche Entwicklung innerhalb der Welt des Buddhismus. Vom 1. bis zum 5. Jahrhundert nach Christus kommt es zu einer Weiterentwicklung, die man die Bewegung des Mahayana oder des »Großen Fahrzeugs« zu nennen pflegt. Man unterscheidet diese Form des Buddhismus vom Theravada, genannt das »Kleine Fahrzeug«. Im »Kleinen Fahrzeug« ist das Ideal der mönchische Arhat, der geistige Mensch, der das »Heil« des Ausstiegs aus dem Daseinskreislauf für sich allein zu erlangen sucht und so dem Ideal des Strebens nach

individueller Befreiung folgt. Faktisch ist das Erreichen dieses Ideals an die Lebensform des Mönchs gebunden, folglich in der Praxis nur einer Elite erreichbar.

Demgegenüber setzt sich im Mahayana das Ideal des menschenfreundlichen Heiligen durch, des Erleuchtungswesens, des Bodhisattva. Auf diese Weise löst man die dem Buddhismus immanente Grundspannung zwischen den Mönchen und den Laien. Nicht nur als Mönch, sondern auch als Laie kommen einem Verdienste des Buddha zu. »Großes Fahrzeug« ist gerade auch in diesem Sinne zu verstehen: Buddhismus für eine große Zahl von Menschen, für die Masse der Laien.

Nach der Lehre des Mahayana hat Buddha auf den Eingang in den Zustand endgültiger Erlösung (»Parinirwana«) so lange verzichtet, bis alle Lebewesen Erlösung erlangen können und erlangt haben. Aus grenzenlosem Mitleid und Erbarmen hat er auf den letzten Schritt verzichtet. Er wird damit zugleich zum Vorbild und selbstlosen Helfer für die Gläubigen, zum altruistischen Erleuchtungs- und Erlösungshelfer: zum »Bodhisattva«. Im »Großen Fahrzeug« entspricht er damit den Heilsbedürfnissen der »Vielen«. Das wesentliche Kennzeichen eines Bodhisattva ist die Ausrichtung seines Denkens auf die Erleuchtung, mit dem die äußerste Opferbereitschaft zum Wohle aller Lebewesen verbunden ist. Dies kommt in einem Lehrtext des Bodhisattva so zum Ausdruck:

»Ich nehme die Leiden aller Wesen auf mich, bin fest entschlossen zu dieser Übernahme, ich ertrage sie, ich kehre nicht um, ich fliehe nicht, ich schaudre nicht, ich bebe nicht, ich fürchte mich nicht, ich weiche nicht zurück und verzage nicht. Und warum das? Es ist notwendig, dass ich die Last aller Wesen auf mich nehme. Es liegt nicht in meinem Belieben. Denn ich habe das Gelübde getan, alle Wesen zu erretten… Befreien muss ich alle Wesen aus dem Urwald der Geburt, aus dem Urwald des Alters, aus dem Urwald der Krankheit… aus dem Urwald des Verlustes guter Werke, aus dem durch die Unwissenheit entstandenen Urwald… Ich bin nicht bloß auf meine eigene Erlösung bedacht. Denn ich muss alle Wesen mit dem Boot des Entschlusses zur Allwissenheit aus der Flut des Sansara erretten… Ich bin entschlossen, an jedem einzelnen Orte der Qual endlose Myriaden von Weltzeitaltern zu verweilen… Und warum? Weil es besser ist, dass ich allein leide, als dass alle diese Wesen in die Stätten der Qual versinken. Ich gebe mich selbst als Lösegeld.«

Die Folgen für den Buddhismus als Volksreligion sind unübersehbar. Einerseits kann ein Gläubiger selber aktiv dem Bodhisattva-Weg nachstreben und damit einem Ideal, demzufolge der Weg zu sich selbst immer zugleich auch ein Weg zum Nächsten ist. Andererseits kann er sich passiv in frommer Hingabe (Bhakthi) und vertrauensvoll an einen Bodhisattva wenden, um sich von ihm helfen zu lassen.

In Angkor Thom gibt es zahlreiche solcher Gesichtstürme, wobei jeweils vier große Köpfe in die unterschiedlichen Himmelsrichtungen schauen, Ausdruck der kosmischen Bedeutung der buddhistischen Lehre. Im 9. Jahrhundert n. Chr. hatte diese grandiose Tempelanlage zu entstehen begonnen. Sie wächst bis ins 14. Jahrhundert hinein, bevor sie aufgegeben und vergessen wird. Jahrhundertelang ist sie in undurchdringlichem Dschungel verborgen. Mitte des 19. Jahrhunderts wird sie von Europäern wiederentdeckt.

Im Zentrum von Angkor steht ein in Stein gemeißelter mythischer Weltenberg. Mauern und Terrassen mit gewaltigen Skulpturen zeugen von höchster künstlerischer Qualität des hier tätigen Volks: der Khmer-Kultur Kambodschas. Im 9. Jahrhundert ist der Buddhismus durch seine Verbreitung in Ländern wie Sri Lanka, China, Japan und Tibet längst zu einer dominierenden Macht in Südostasien geworden. Schon im 3. Jahrhundert v. Chr. unter dem großen Kaiser Ashoka (268–233 v. Chr.) hatte er einen ersten großen »Paradigmenwechsel« (H. Küng) durchgemacht: von den mönchischen Elitereligionen der Urgemeinde zur Massenreligion der buddhistischen Staaten mit entwickeltem Kult, mit Riten und Zeremonien. Aber nirgendwo hat er sich so gut in den Staatskult integriert wie in Kambodscha. Wie Jesus von Nazareth ist auch der Buddha nach seinem Erdenleben politisch funktionalisiert worden, wird er Stütze und Legitimator politischer Ambitionen buddhistischer Herrscher und Reiche, Zeichen eines Wandels zur Staats- und Kultreligion. Der kambodschanische König Jayavarman VII. (1181–1219) sieht sich als Inkarnation des Bodhisattva Avalokiteshvara (in Khmer: Lokhiteshavara). Nicht zufällig tragen die hier fotografierten Buddha-Gesichter im Hintergrund seine Gesichtszüge.

Der Buddha Gautama selber ist nicht den Weg monumentaler Größe gegangen, sondern den Weg schlichter Selbstgenügsamkeit und meditativer Hingabe. Mit 29 Jahren hatte er eine tiefe existentielle Krise durchlebt. Er hatte außerhalb seines Palastes sich mit dem realen Leben der Menschen konfrontiert. Sein Leben als Sohn eines Fürsten gibt er daraufhin auf. Er trennt sich von seiner Familie, von Frau und Sohn, von Haus und Heimat. Shakyamuni wird er später genannt, »Weiser aus der Shakya-Familie«. Im Gewand des Asketen geht der fast Dreißigjährige in die Hauslosigkeit. Es ist ein harter, entbehrungsreicher Weg. Die Askese übertreibt er, Gefähr-ten verliert er; er wird sie später wiedertreffen. Dann zieht er sich an einen Fluss zurück, übt sich weiter in Meditation. Endlich nach langer Zeit erfährt er unter einem Baum beim Städtchen Uruvela im heutigen nordindischen Bundesstaat Bihar die ersehnte Erleuchtung (bodhi). Deshalb nennt man diesen Baum noch heute den Bodhi-Baum, den Baum der Erleuchtung, und die Stadt Uruvela schlicht Bodh-Gaya. Sie ist nach Siddharthas Geburtsort Lumbini die zweite große Erinnerungs- und Pilgerstätte des Buddhismus.

Monumentale Größe hin oder her: Nicht auf den Buddha als Person kommt es an, sondern auf seine Lehre, den »Dharma«. Denn für Buddhisten ist der Buddha als geschichtliche Gestalt keineswegs einzigartig; es gab mehrere Buddhas vor ihm und mehrere Buddhas nach ihm. Prinzipiell kann und soll jeder Mensch ein Buddha werden. »Töte den Buddha«, kann denn auch eine der Anweisungen in der buddhistischen Meditation lauten. Gemeint ist: Nicht auf ihn soll man schwören, sondern seine Lehre anwenden. Nicht ihn soll man zum Alibi von Erlösung machen (einer hat es für uns schon getan), sondern selber Buddha werden, die Buddha-Natur in sich selber wecken, die Buddhaschaft anstreben, den achtspurigen Pfad selber gehen. Nach der Erleuchtung in Uruvela hatte Buddha, wie wir hörten, sich nach Sarnath begeben und in einer »ersten Predigt« das »Rad der Lehre« in Bewegung gesetzt:

(1) *Rechte Ansicht üben:* Gemeint ist die Einsicht, dass es kein unveränderliches »Ich« oder »Selbst«, keine ewige Seele gibt.

(2) *Rechten Entschluss fassen:* Gemeint ist die Befreiung von Begierde und Hass. Kein Lebewesen schädigen, sondern ihnen Güte entgegenbringen.

(3) *Rechte Rede üben:* Lüge vermeiden, Schmähung, üble Nachrede, unnützes, eitles Geschwätz und rohe Sprache. Die rechte Rede stiftet Frieden, strahlt Freundlichkeit aus, gibt Wissen an andere weiter und regt sie zu heilsamem Tun an.

(4) *Rechtes Verhalten an den Tag legen:* Sexuelle Ausschweifungen ebenso unterlassen wie Stehlen und Töten. Allen Lebewesen gegenüber auf jedwede Gewalt verzichten. Über die Gewaltlosigkeit hinaus tätiges Mitgefühl üben, Großherzigkeit entwickeln.

(5) *Rechter Lebensunterhalt:* Einem Beruf nachgehen, der niemandem Leid oder Nachteile zufügt. Nicht handeln mit Waffen, mit Lebewesen, mit berauschenden Getränken, Giften oder betäubenden Drogen. Betrug, aber auch Wahrsagerei und Wucher sind untersagt.

(6) *Rechte Anstrengung praktizieren:* Gemeint ist die Beherrschung der Sinne und Affekte. Vier »vollkommene Anstrengungen« werden empfohlen. Die ersten beiden richten sich auf die Zügelung und Überwindung unheilsamer Dinge. Die dritte Anstrengung betrifft die Entfaltung heilsamer Dinge, insbesondere von Gleichmut. Die vierte Anstrengung richtet sich darauf, heilsame Dinge zu bewahren.

(7) *Rechte Achtsamkeit praktizieren:* Anzustreben ist, ganzheitliches Bewusstsein über alle physischen, psychischen und geistigen Vorgänge zu erreichen, um sie dadurch kontrollierbar zu machen.

(8) *Rechte Meditation:* Gemeint ist Konzentration, Versenkung, Vereinheitlichung und Sammlung des Geistes auf ein einziges Meditationsobjekt, auf die allmähliche Beruhigung der Geistestätigkeit. Erreicht werden kann dadurch ein nicht-dualistischer Bewusstseinszustand: die Einswerdung aller Vorgänge des Bewusstseins.

Nichts sträubt sich in mir als Christ gegen diese acht Punkte, obwohl ich weiß: der Buddha kennt keinen personalen Gott, keinen Schöpfer, keinen Erlöser, keinen Richter. Ziel seiner Meditation ist Erkenntnis des Menschen, nicht Erwerb einer religiösen Lehre. Ziel seiner Meditation ist Erleuchtung, nicht die Begegnung mit Gott. Ziel buddhistischer Meditation ist nicht die Rettung der eigenen Seele, vielmehr, den Glauben an die Beständigkeit der Dinge als Illusion zu entlarven und die Dinge so zu sehen, wie sie wirklich sind: als unbeständig, leidvoll, ohne Wesenskern. Buddha spricht, wie wir hörten, vom Nicht-Selbst des Menschen und lehnt es ab, über die Existenz eines Ich oder einer unsterblichen Seele zu spekulieren.

Ich weiß das alles und will die Unterschiede zwischen buddhistischem und christlichem Menschenbild nicht einebnen. Aber ich denke auch nicht daran, zu verleugnen, was mir hier an positiven Elementen in Spiritualität und Ethos entgegentritt und für das ich durchaus Parallelen im Christlichen sehe. Heute schließen sich weder für Buddhisten noch für Christen Meditation und Aktion aus. Die »Kultur der Stille« ist immer auch eine »Kultur der Wachheit«. Das gilt für beide. Eine »Kultur der Stille« pflegen heißt: in jedem Lebensmoment, in jeder noch so unscheinbaren Handlung, offen sein für das Absolute. In jedem Augenblick »Gott« erfahren. Gegenwart als verdichtet erleben und nicht vergewaltigt von der Macht der Zukunft. Die Zeit hier und jetzt als Erfülltsein begreifen und sie nicht durch den Druck der Zukunft verdünnen, verflüchtigen lassen. Die Gewalt des Morgen brechen: das nach vorne Gezogensein, unter dem Zwang der Termine, der Beanspruchungen, der Verpflichtungen – ohne Chance, in Ruhe zurückzublicken, aufzuarbeiten, zu vertiefen.

Ein Schlüsselwort des Buddhismus lautet »Achtsamkeit«. Gemeint ist das Bewusstwerden und das Aufmerksamwerden für das, was man gerade tut. Ich kann von dieser »Achtsamkeit« lernen. Ja, vom Buddha kann ich lernen, vom eigenen Ich frei zu werden, und zwar so, dass ich von der Ichbezogenheit und Ichverflochtenheit den Weg zur Selbstlosigkeit finde.

7. Der »Hunger-Buddha«: ein Warnbild

Buddhistisch ein Warnbild: Shakyamuni als Asket. Ein Warnbild vor zu radikaler Selbstquälerei in der Meditation. Siddhartha hatte sich ihr unterzogen, der »großen Anstrengung«: langes Fasten, härteste Selbstüberwindung, Anhalten des Atems bis zur Grenze der Selbsttötung. Das lag in der Logik des Karma-Gedankens. Da die Ansammlung von Karma durch schlechte, böse Handlungen entsteht und so die Kreislauf-Existenz des Menschen verlängert, gilt es, alle Aktivitäten möglichst zu unterdrücken, Verzicht zu üben. Verzicht – bis zum freiwilligen Hungertod?

Siddhartha macht das alles durch. Bis zum Äußersten geht er. Wie ein Yogi, der freiwillig in die Einsamkeit geht, der fastet, lange Zeit reglos in einer bestimmten Haltung verharrt und seine Atmung verlangsamt. Das geht bis zum Fast-Stillstand im Versuch, alles unkontrollierte Denken zu bändigen. »Unerleuchtetes Dasein« soll auf diese Weise abgetötet, bezwungen werden, um sich in einen von »profanen« Bedürfnissen wie Nahrung, Schlaf und Atmung unabhängigen, also befreiten Zustand zu versetzen.

Siddhartha geht bis zum Äußersten. Er lebt einsam, fastet, setzt sich Hitze und Kälte aus, schläft nackt im Gestrüpp, meditiert und hält den Atem an, bis er das Bewusstsein verliert. Doch diese erbarmungslose Selbstkasteiung führt gerade nicht zu der ersehnten Seelenruhe. Das Gegenteil ist der Fall.

Nach Jahren gelangt Siddhartha zu der Erkenntnis: Übertriebene Askese und Selbstqual verstellen den Weg zur Erleuchtung. Konsequenterweise verlässt er den althergebrachten Erleuchtungsweg des Yogi und sucht einen »mittleren Weg«: einen Weg zwischen Weltverfallenheit und Weltlosigkeit. Die Grundlagen der überkommenen Religion Indiens werden abgelehnt: die Autorität der Veden und damit die Herrschaft der Brahmanen sowie der Vollzug der blutigen Opfer. Stattdessen Vergeistigung, Verinnerlichung, Versenkung. Der Buddha geht eigenständig seinen Weg, geht ihn aus eigener Kraft, eigenem Vermögen, eigener Einsicht. Eine neue Religion entsteht.

Buddhas Erwachen ist kein Gottesgeschenk; existiert doch für den Buddha kein allmächtiger Schöpfergott, kein gnädiger Lenker der Geschicke. Aber ebenso wenig ist es Selbsterlösung. Der sogenannte »Hunger-Buddha« will gerade davor warnen, ist gerade kein »Buddha«. Denn *so* gelangt man eben nicht zum Erwachen, auch durch härteste eigene Anstrengungen nicht.

Künstlerisch ist eine solche Figur ungemein eindrucksvoll gestaltbar. Der Kopf dieses »Buddha«? Er trägt keinen Haarkranz mehr, ist kahlgeschoren. Die Wangen? Sie sind nicht rund geformt, sondern hohl, vom Hunger ausgezehrt. Die Augen? Tief sind sie eingefallen. Der Körper? Ausgemergelt. Die Knochen treten bereits an Brust und Armen hervor. Die Rippen? Zählbar! Eine knochige, abgemagerte, ausgebrannt scheinende Gestalt.

Die Collage aber ist gerade auch für heute ein Warnbild. Der Künstler kombiniert hier bewusst zwei Motive, bringt das Uralte und das Gegenwärtige in eine Beziehung. Die Figur des »Hunger-Buddha« ist bewusst hineincollagiert in eine Welt wie die unsere, die ihre Böden mit Beton versiegelt und ihr Wasserreservoir mit gusseisernen Deckeln verschließt. Es ist eine tote, leblose, graue Beton-Stahl-Welt. Eine Welt, der kein Geist mehr beizukommen scheint, auch der Buddha nicht, der auch in dieser Welt »verhungert«, der auch durch diese Welt »abgetötet« wird.

Beides gehört auf diesem Bild zusammen, deutet sich gegenseitig: das Grau des Betons und das grelle Goldgelb auf der Buddha-Figur. Die verschlossene, versiegelte, verbetonierte Welt – und der hagere, knochige, asketische Mensch an der Grenze zur Selbstauflösung, zur Selbstvernichtung.

8. DER GLÜCKS-BUDDHA: EINE PROVOKATION

Ein Motiv-Sprung. Vom Hunger- zum Glücks-Buddha. Vom hageren Knochenmann zum wohlbeleibten Fettkloß. Von der Lebensabtötung zur Lebensfeier, vom zerbrechlichen Asketen zum feisten, lachenden Genießer. Der lachende Buddha (japanisch: Hotai) ist eine populäre Figur der chinesischen und japanischen Volksreligion. Sein Name bedeutet Hanf-Sack, und dieser Sack ist sein Markenzeichen. Sein Ursprung liegt in China und geht vermutlich zurück auf die halb-legendäre Gestalt des aus der Stadt Fenghua stammenden Mönchs Quici. Dieser lebt als wandernder Bettelmönch im 10. Jahrhundert. Er wird vor allem im Chan-Buddhismus, dem chinesischen Vorläufer des japanischen Zen, verehrt und gilt als eine Inkarnation des »Buddha der Zukunft« (Buddha Maitreya). Als stets gut gelaunter, besitzloser Mönch steht der »Glücksbuddha« ursprünglich für die Tugend der Selbstgenügsamkeit. Sein prall gefüllter Sack, in dem er die Almosen, die Wohlmeinende ihm spenden, verstaut, scheint zu besagen: Wer mit wenig zufrieden ist, besitzt den größten Schatz. Er gilt auch als derjenige Buddha, der dem einfachen Volk zugewandt ist und die in seinem Sack gesammelten Almosen an Kinder und Arme weitergibt. So gilt

er teilweise auch als Symbol für den sozial engagierten Buddhismus.

Welch ein Bild! Es ist ganz beherrscht von einer gemauerten, gefugten Wand. Die Blöcke aufeinandergeschichtet. Abweisend das Ganze. Ohne Leben. Massig-lebloses Grau. In einer kleinen Ritze dieser undurchdringlich scheinenden Wand jedoch ist etwas aufgebrochen. Etwas Erde scheint sich hier eingeschlichen zu haben. Und wo Erde ist, ist Leben. Wo Licht ist, ist Fruchtbarkeit. Die Sonne tut das Ihre. Schon sprießt ein wenig Grün. Schon kommen ein paar Stängel, kommen Blüten gar, weiß und blau.

Vergnügliche Explosion des Lebens in und auf totem Gestein! So wirken die Gräser, die Stängel, die Blüten. Wie ein lachender Durchbruch durch eine tote, zugemauerte Welt. Ein Triumph des Lebens. Das übermütig sprießende Gewächs hat den Tod überwunden: »Tod, wo ist dein Stachel, Tod, wo ist dein Sieg?«

Dieser Durchbruch des Lebens ist Buddha-Energie. So sehen es Buddhisten und können deshalb (vor allem in China) den Buddha auch zu einer Triumph-Figur über das Leben machen. Nicht ein asketischer, magerer, skelettierter Gautama steht hier vor uns, sondern ein feister, genussvoller, lebenssatter, lebensvergnügter. Auch das gehört zum »mittleren Weg«. Als sei Nachfolge Buddhas identisch mit Lebenspessimismus, als sei Buddhismus bloße Weltentsagung, Weltverwünschung,

Weltabkehr. Als könne ein Schüler des Buddha nicht lachen, feiern, genießen. Als sei der Buddha nach seiner Erleuchtung nicht ins Leben zurückgekehrt, als habe er nicht noch vier Jahrzehnte unter den Menschen gelebt und gelehrt, bevor er im nepalesischen Kushinagara (heute: Kasia) stirbt und in die endgültige Erlösung eingeht, in einen Zustand ohne Wiedergeburt (*Parinirvana*).

Will sagen: Die Erleuchtung kann in allen Formen der Existenz erlangt werden. Wer einmal vollendet ist, der verachtet nicht das Leben, sondern feiert es, denn auch im Lachen kann man das Leben als Illusion durchschauen. Lachend kann man das Leben feiern, gerade weil man es nicht verabsolutiert. Lachend kann man die Welt überwinden, ohne sie zu denunzieren. Lachend kann man in der Welt leben, wenn man weiß: Diese Welt ist nun einmal nicht wirklich, nicht endgültig. Diese Welt ist Sansara.

9. DER BUDDHA UND DER ÖKOTOD

Das Bild beunruhigt mich zutiefst, ängstigt mich. Eine Welt von Ölfässern und Stahlrohren. Schonungslos werden die Requisiten unseres technisch-industriellen Zeitalters in den Blick genommen. Der Künstler hält uns den Spiegel vor: gusseiserne Rohre, aus denen Abwässer tropfen. Ölfässer, abgestellt in eine Uferregion. Getaucht ist alles in aggressives Rot. Ich spüre, dass eine geradezu dämonische Bedrohung von diesen Fässern ausgeht. Ich stelle mir vor: Jederzeit könnten die Fässer aufspringen. Jederzeit könnte sich die ölige Masse ergießen. Lebensvernichtung wäre die Folge. Ökologischer Tod. Das Wasser? Es scheint hier gleichsam in Geiselhaft genommen von einem »entsorgten« Müll aus schmierigem Öl.

In diese Welt hineingesetzt ist, klein von Gestalt, die Figur eines meditierenden Mönchs. Wie verloren sitzt er da. Machtlos, hilflos. Er hat die Hände im Schoß ineinandergelegt. Es ist die »Meditationsgeste« des Buddha. Diejenige Geste, die auf den vollkommenen Zustand der Versenkung hindeutet.

Der Kontrast könnte erregender kaum sein: die mögliche Dämonie der drohenden Zerstörung durch die Produkte des technisch-industriellen Zeitalters und der zugleich in Meditation versinkende Mann, der in einer anderen Welt zu leben scheint. Zerbrechlich kommt er einem vor angesichts der gewaltigen Bedrohung.

Doch auch der Buddhismus muss sich mit der Welt der technisch-industriellen Zeitalters auseinandersetzen. Geistige Versenkung geschieht mitten in der Welt: im Wissen um die Welt und ihre Bedrohtheit. Die Mobilisierung geistiger Gegenenergien setzt das Wissen um mögliche Vernichtung voraus. So kann man die Präsenz des Buddha auch deuten: Der Künstler setzt mit ihm bewusst ein Zeichen des Protestes gegen eine seelenlose Welt, gegen eine Welt der Bedrohung und der Angst. Das, was der Buddha verkörpert, ist eine andere Welt.

Heutige Buddhisten kennen die neuen Herausforderungen durch das technisch-industrielle Zeitalter. Vor allem solche Denker, die zur Bewegung des »Engagierten Buddhismus« gehören. Der Vietnamese *Thich Nhat Hanh* (geb. 1926) ist einer von ihnen. Er beginnt seine Laufbahn in einem Zen-Kloster seines Landes. Er prägt den Begriff des »Engaged Buddhism«, des sozial und politisch engagierten Buddhismus. Er stammt aus einem Land, das vom Krieg heimgesucht worden war. Hautnah hatte er erlebt, was es heißt, wenn Menschen medizinisch unterversorgt sind, in ihrer Existenz bedroht, um eine menschenwürdige Zukunft gebracht.

Für Thich Nhat Hanh ist der Buddhismus keine Religion weltfremden Aussteigertums, ist Meditation kein anderer Name für Weltflucht und privatistischen Rückzug in die Innerlichkeit. Für ihn ist der Buddhismus kein Alibi für unpolitische Weltentsagung und soziale Verantwortungslosigkeit. Für ihn ist der Buddhismus eine geistig-moralische Gegenkraft – gegen eine repressive Politik, gegen soziale Kälte, gegen ökologische Zerstörungswut und ökonomische Ausbeutung. Eine Religion des Mitleids zugunsten all derer, die dieses Mitleid nötig haben.

1995 legt Thich Nhat Hanh ein Buch vor mit dem Titel »Living Buddha, Living Christ«, das 1996 auch in Deutsch erscheint: »Buddha und Christus heute. Eine Wahrheit – zwei Wege«. Thich Nhat Hanh lässt hier seine Sensibilität für die Probleme unserer Zeit erkennen. Entsprechend wendet er zum Beispiel das erste Grundgebot des Buddhismus (»Achtung vor dem Leben«) für unsere Zeit so an:

»1. Im Bewusstsein des Leidens, das durch die Zerstörung von Leben verursacht wird, gelobe ich, Mitgefühl zu pflegen und zu lernen, das Leben von Menschen, Tieren, Pflanzen und Mineralien zu schützen. Ich habe den festen Entschluss, nicht zu töten, nicht zuzulassen, dass andere töten, und in meinem Denken und Leben kein Töten in der Welt zu billigen.

Das erste Gebot entspringt der Erfahrung, dass überall auf Erden Leben vernichtet wird. Wir sehen das Leid, das durch die Zerstörung von Leben verursacht wird, und wir geloben, Mitleid zu kultivieren und als Energiequelle

zum Schutz von Menschen, Tieren, Pflanzen und Mineralien zu nutzen. Töten lässt sich niemals rechtfertigen. Nicht zu töten ist aber nicht genug. Wir müssen lernen, wie man andere vom Töten abhalten kann. Man darf keine Tötungshandlung billigen, auch nicht stillschweigend. Demzufolge ist der Geist die Grundlage alles Handelns.«

Ich folge bereitwillig diesem »engagierten« Buddhisten in der Anwendung des buddhistischen Grundethos auf Herausforderungen unserer technisch-industriellen Zivilisation. Er leistet für den Buddhismus das, was in der Welt des Christentums die aus Lateinamerika stammende »Befreiungstheologie« leistet: die Kernbotschaft von bloßer unpolitischer Innerlichkeit befreien, die spirituellen Impulse umsetzen zur Gewinnung sozialer Sensibilität und politisch-befreiender Energie.

38

II.

CHRISTUS — DER GEKREUZIGTE

1. Am Kreuz der Welt

Ich nehme wahr: Stahlpfähle, ins Wasser geschlagen. Wasser, giftig grün schimmernd. Der Eindruck des Bodenlosen, Abgründigen. Er ist künstlerisch gewollt. Diese Welt? Ohne sichtbares Fundament, ohne Halt. Die Pfähle? Gerammt ins Bodenlose.

Ich nehme weiter wahr: Oben über den Stahlpfählen eine unsäglich graue, trostlose, massige Betonplatte. Quer in der Mitte über den Pfählen weiterer Beton in Holzverschalung. Zwei gewaltige Schrauben halten die Konstruktion zusammen. Im Holz sind Risse zu sehen, Astlöcher, Witterungsspuren, Algenflecken. Das Ganze offensichtlich Teil einer Hafenanlage. Anlegestelle für Boote. Aber durch die fotografische Vergrößerung, das »Blow up« des Künstlers, ist dies hier auf den ersten Blick eine unsäglich graue, schmutzige, menschenlose und damit trostlose Welt.

Das Schlimme nur: Ästhetisch ist dieses Bild ungemein »anziehend« für mich. Es hat den Reiz des Kontrastiven und Morbiden. Das Flüssige und das Feste, das Geformte und das Zerlaufende? Alles geht ineinander über. Das Spiel der Farben? Es changiert zwischen Grün, Weiß, Braun und Grau. Dazwischen ein aufzuckendes Gelb. Ich erwische mich dabei, von diesem Bild nicht loszukommen. Die Sprache reicht nicht aus, um alle Details zu registrieren, geschweige denn zu verstehen. Um all die Zeichen wahrzunehmen, die hier sichtbar sind, geschweige denn sie zu deuten. Ich nehme weiter war: Rostflecken allüberall. Die Pfähle sind überzogen mit einer Schicht hässlich brauner Flecken. Sie wirken wie eine kranke Haut. Wie Geschwüre, wie Pestbeulen. Auch aus den kreisrunden Öffnungen im Holz, nötig für die massigen Schraubenmuttern, ergoss es sich hässlich-braun. Vorgänge von Oxydation. Die Feuchtigkeit hat lang genug gearbeitet, bis das schmutzige Braun herausfloss und sich fleckig verteilte. Die Öffnungen wirken wie tote Augen. Die braunen Streifen wie geronnenes Blut.

Und dann – über diese Welt gelegt – wie schwebend, einschwebend, die Gestalt des Gekreuzigten. Ein grotesker Einfall des Künstlers? Ein Fremdkörper in dieser Welt? Schaut man genau hin, so passen Schicksal und Zustand des Mannes am Kreuz zu dieser trostlosen Welt. Das am Körper dieses Kruzifixus herausgetretene und getrocknete Blut entspricht den Rostflecken auf Pfählen und Holz. Dieser Mann passt in diese Welt. Sie bildet sich auf seinem Körper ab.

Das Kreuz? Das Kreuz dieses Christus ist weggelassen, konnte weggelassen werden. Denn Christus hängt hier am Kreuz einer bodenlosen Welt von Schmutz, Geschwüren und Kälte. Er schwebt über einem Abgrund, dessen giftgrüne Hässlichkeit etwas Unheimliches und zugleich Erregendes hat. Diese unsere Welt aus schmutzigem Beton und oxydierten Stahlträgern kreuzigt ihn wieder.
Und zugleich macht erst die Präsenz des Gekreuzigten bewusst, was aus dieser unserer Welt geworden ist. In welcher Agonie sie liegt. Sein Schweben über dem Wasser signalisiert Bedrohtheit der Welt und Erlösungsbedürftigkeit zugleich. Denn: Mit seiner Präsenz verliert diese Welt das, was auf den ersten Blick festzustehen scheint: ihre schicksalshafte Trostlosigkeit.

2. Der tote Sohn, die trauernde Mutter und das Meer der Ruhe

Es fällt mir hier besonders schwer, diesem Bild mit Sprache gerecht zu werden. Die christliche Leidensikone schlechthin, die Pietà, hineingesetzt in eine asiatische Landschaft: Vietnam, Ha-Long-Bucht. Das Faktum zu benennen, ist leicht. Schwieriger ist schon, das »Wie« in Worte zu fassen. Ich zwinge mich auch hier zunächst zur geduldigen, genauen Wahrnehmung dessen, was ich sehe. Ich zwinge mich, präzise zu beobachten, *wie* diese Pietà-Gruppe platziert ist.

Im Vordergrund des Bildes links unten ist das Stück eines massiven Holzbretts zu sehen. Eine Art Steg, der im Bild aber nur angedeutet ist. Das Woher und Wohin ist ausgespart. Im spitzen Winkel davon geht noch einmal ein einzelner Holzbalken ab, schwebt über dem ruhigen Wasser, das der Wind nur leicht kräuselt. Der Künstler nutzt diesen Moment, um die Spiegelungen der Hintergrund-Berge einzufangen, wunderbar strukturiert.

Der Balken wird gehalten von einem Stahlseil, das aber von einem zweiten Seil umspielt wird. Deren Ende ist nicht zu sehen. Klar aber ist die doppelte Funktion dieses Seils für die Komposition. Es führt uns Betrachter aus dem Bild heraus, lässt ein scheinbares Nirgendwo erahnen und teilt zugleich das Bild in zwei Hälften. Es betont auf seine Weise die offensichtlich kalkulierte Asymmetrie in diesem Bild. Eine Asymmetrie zwischen der »gefüllten Ecke« links unten und drei ungefüllten Ecken im übrigen Bild. Geheimnis bleibt, wo Brett und Balken herkommen. Geheimnis bleibt, wo sie hingehen. Geheimnis bleibt, wovon der Balken gehalten wird. Zeichen, deren Sinnhaftigkeit sich mir als Betrachter nicht sofort erschließt.

Ich sehe nur so viel: Ausgerechnet auf die Kante des in seinem Woher und Wohin unbestimmten Holzbrettes hat der Künstler diejenige Figur gesetzt, die den Gekreuzigten als Toten und dessen Mutter als wortlos Trauernde zeigt. Die Figur steht wie »auf der Kippe«. Jederzeit scheint sie abstürzen, scheint sie im Wasser versinken zu können, versinken im Nirgendwo. Die Lage? Instabil. Der Neigungswinkel? Prekär. Der quer über das Wasser gelegte Balken? Er könnte sie nicht halten. Im Gegenteil. Er birgt eine zusätzliche Gefahr für die Figur. Im Fallen nach rückwärts könnte sie an ihm zerschellen.

Indem aber der Künstler diese Figur dem Drama des Absturzes aussetzt und sie so als Gefährdete zeigt, zeigt er gänzlich unaufdringlich und präzise zugleich die Dramatik des Geschehens zwischen der stumm trauernden Mutter und deren ermordetem Sohn. Eine Dramatik, die so ganz im Kontrast steht zu der unendlich beruhigten See und den in sanftes Grau getauchten, wie hingetuscht erscheinenden Bergen, die aus dem Wasser ragen und deren Spiegelungen die Oberfläche des Wassers auf wundersame Weise aufbewahrt hat. Doch welch ein Kontrast: das Meer der Ruhe und die trauernde Mutter, die Gleichgültigkeit des Wassers und der Schmerz des Verlustes, die ewig schimmernden Berge und der tote Körper. Das Schicksal der beiden scheint in dieser Welt belanglos zu sein. Es fehlte nicht viel, und das Meer hätte sie verschlungen.

3. Schönheit, Kälte und der Gekreuzigte

Folgen wir dem ältesten Zeugnis von seinem Sterben und seinem Tod, dem Bericht des Evangelisten Markus, so ist Jesus von Nazareth in Gottes- und Menschenverlassenheit gestorben. Seine Getreuen? Geflohen am Ende. Sein Gott? Er, den er in unerhörter Vertrautheit als seinen »Vater« angeredet hatte, erspart ihm einen Tod nicht, der grauenhaft und schändlich zugleich ist. Jesus stirbt einsam. Sein letztes Lebens-Zeichen? Vermutlich nur ein Schrei!

Ein brutum factum von einer Schockwirkung, welche die frühchristlichen Gemeinden abzumildern trachteten. Man vergleiche nur, wie verschieden schon in den Evangelien die letzte Szene am Kreuz geschildert ist. Markus und Matthäus wagen es noch, Jesus nach einem lauten Schrei das Wort ausstoßen zu lassen: »Mein Gott, mein Gott, warum hast du mich verlassen?« Doch schon der Evangelist Lukas ersetzt diese Verlassenheitserfahrung durch ein Vertrauensgebet: »Vater, in deine Hände befehle ich meinen Geist!« Und der Evangelist Johannes lässt Jesus vollends als jemand sterben, der sein Erlösungswerk »vollbracht« hat. Jetzt kann er sein Haupt »neigen« und »den Geist aufgeben«! Von einem Schrei, von einem Gefühl der Verlassenheit keine Rede mehr.

Christen haben einen hohen Preis dafür bezahlt, dass sie die Art von Jesu Sterben aus ihrem Glauben an Gott nicht eliminierten, ja oft genug gegen alle Verharmlosung, Verdrängung und Vergleichgültigung der christlichen Botschaft wiederentdecken mussten. Das Kreuz? Von Anfang an gilt es vielen Juden als Ärgernis; sie hatten einen anderen Messias erwartet. Vielen Griechen als Unsinn; sie hatten eine andere Vorstellung von Göttersöhnen.

Der Gekreuzigte aber als »Sohn Gottes«? Er ist das Gegenteil von einem halbgottartigen starken Helden. Er ist ein Leidender! Der Nazarener als Erlöser? Kein machtvoll wundertätiger Kämpfer ist er für Gottes Reich. Im Gegenteil: Er ist ein gequälter und gedemütigter Mensch! Der galiläische Wanderprediger als Messias? Kein Himmelsbote mit königähnlicher Machtausstattung. Ein Mensch, der durch Erniedrigung und Schmach hindurch muss.

So aber konnten Christen gegenüber der Welt bezeugen: Durch einen solchen »Sohn Gottes« ist auch Gott selber, »der Vater«, noch im Leiden den Menschen nahe – als Hoffnung auf Befreiung für alle, die zu den Bedrückten und Beleidigten gehören. Gewiss: Jesus war kein Hiob, der angesichts des ungerechten Leidens Gott vor Gericht gezogen hätte. Er war auch nicht wie Buddha Gautama, der einen Weg *aus* dem Leiden wies mit Hilfe des achtspurigen Pfades. Jesus war und Jesus ist diejenige Gestalt in der Religionsgeschichte, die sich (wie Buddha) den konkret Leidenden, Bedürftigen, Kranken, Sterbenden mit einer Botschaft der Hoffnung zuwendet und zugleich (anders als Buddha) als Leidender in den Tod geht.

Charakteristisch für Jesus ist: Er konnte und wollte das Leiden weder mirakelhaft noch meditativ aus der Welt schaffen. Aber er konnte und wollte den Leidenden das Gefühl nehmen, sie seien verachtet, ihr Leben sei sinnlos. Seine Botschaft der Hoffnung lautet: »Blinde sehen, Lahme gehen, Aussätzige werden rein, Taube hören, Tote werden auferweckt, und den Armen wird die gute Nachricht verkündet.« So kündet sich an, was Jesus ankündigt: das Gottesreich.

Die Collage fordert heraus, das brutum factum des Todes Jesu in Gottes- und Menschenverlassenheit nicht zu verdrängen. Das erreicht sie nicht durch die Abbildung eines am Kreuz gequälten Menschen, wie Matthias Grünewald ihn zeigte auf den später weltberühmten Tafeln des Isenheimer Altars im elsässischen Colmar. Denn der auf dieser Collage gezeigte Christus des spanischen Malers Diego Velazquez zeigt eher die Schönheit des göttlichen Mitleidens. Jesus schaut herab. Er leidet für den, der zu ihm aufsieht. Jesus ist hier der göttliche Mensch, der heldenhaft den Tod erduldet und der auch im Sterben noch von schöner Gestalt bleibt. Jesus ist hier in eine geradezu buddhahafte Harmonie gebracht – als Gekreuzigter.

Aber zugleich versetzt die Collage das Kreuz mitten in eine besondere Konstruktion. Darin besteht ihre Herausforderung. Denn ästhetisch entsteht auf diese Weise ein atemberaubender Kontrast von kalter Schönheit und mitleiderregendem Sterben. Beides auf engstem Raum zusammen: der Körper eines soeben gestorbenen Menschen und die scharfen Ecken, Winkel, Kanten und Flächen einer Konstruktion aus Beton. Der Mann am Kreuz und die Farbenspiele, die Wasser und Licht auf diesem Bild »inszenieren«.

Wer könnte sich der Faszination dieser Spiele entziehen? Ich kann es nicht. Der harte Stein? Er ist so gespiegelt auf welligem Wasser, dass er sich aufzulösen beginnt. Das weiche Wasser? Indem es sich an den Wänden spiegelt, scheint es die Schwere der Wände aufzuheben. Hinzu tritt der Hell-Dunkel-Kontrast: vom grellen Weiß über unendlich viele Grautöne ins tief Dunkle, fast Schwarze. Härter, schonungsloser könnte der Kontrast kaum sein. Ein ästhetisch verführerisches Bild.

Nur einer stört es: der Mann, der in dieser Konstruktion anwesend ist. Ich erwische mich dabei, vor lauter Faszination durch die Formen und Lichtspiele diesen Mann zunächst zu ignorieren oder als Teil der Bildinszenierung zu verharmlosen. Doch »Ecce homo«! Schaut man auf ihn, beginnt es einen zu frösteln beim Anblick dieser Welt kalter Schönheit. Sie verstärkt noch die Einsamkeit dieses Sterbens. Betont es radikaler. Hier stirbt jemand unbe-

merkt von der Welt, verschlagen unter eine Brücke. Ohne Öffentlichkeit, ohne Gemeinschaft, ohne einen einzigen Menschen, ohne eine Spur von Wirkung. Eingeschlossen in die kalte Schönheit der Welt aus Beton, Wasser und Licht. Hätte er geschrien, niemand hätte ihn gehört. Das Echo hätte ihm den Schrei zurückgeworfen.

Wahrheit enthält dieses Bild. Sie ist unbequem, vielleicht schockierend, aber sie geht mich an. Eine Welt betonschöner und betonkühler Konstruktion lässt der Tod dieses Christus gleichgültig. Er stirbt noch einmal – in Gottes- und Menschenverlassenheit. Aber er stirbt stellvertretend auch für all die, denen eine Welt von Kälte und Schönheit Angst macht.

4. Nachdenken über einen Pflug

Das ganze Bild wird beherrscht durch einen einzigen Gegenstand. Es ist ein beliebiger Pflug an einer bestimmten Hauswand. In eine der Pflugscharen hinein, uns Betrachtern zugewandt, ist die kleine Figur eines Gekreuzigten collagiert. Das »Blow up« ist auch hier souverän angewandt. Der Künstler vergrößert das Kleine, Unscheinbare, oft Übersehene derart, dass alles symbolische Bedeutung erhält. Denn indem eine Pflugschar mit dem Gekreuzigten optisch aufs Engste verbunden wird, kann jetzt eine Sinnlinie gezogen werden, ein Dialog beginnen. Was elementar aussieht, bekommt ein Mehrfaches an Bedeutung.

Schon zu biblischen Zeiten kennt man Pflüge beim Bebauen von Äckern. Schon in biblischen Texten haben sie nicht nur eine konkret-praktische, sondern auch eine sinnbildliche Funktion. Der Künstler löst mit seiner Komposition (Jesus und der Pflug) kalkuliert Assoziationen aus. Die Vision der Propheten Jesaja und Joel

kommt einem in den Sinn: »Schmiedet eure Schwerter zu Pflugscharen«. Und diese Umpolung von der Wehrhaftigkeit in die Friedfertigkeit, von der Gewalt der Waffen in die Gewaltlosigkeit der Wehrlosen ist in der Predigt des Jesus von Nazareth aufgenommen und verstärkt: »Selig sind, die Frieden stiften, denn sie werden Kinder Gottes genannt werden.«

Der »Pflug« aber kann auch die Welt der bäuerlichen Tradition, des Vertrauten, Bewährten, Heimatlichen bedeuten. Das Haften »an der Scholle«, wie man früher gesagt hätte. Jesus aber ruft in die Nachfolge. Und sie kann Abschied vom Vertrauten bedeuten, vom Familiären, von Haus und Hof. Hier ist der Verweis auf den Pflug Kritik am Festhaltenwollen: »Keiner, der die Hand an den Pflug gelegt hat und nochmals zurückblickt, taugt für das Reich Gottes«.

Mehr noch: Sinn eines Pfluges ist es, die Erde so aufzureißen, dass neuer Samen in die entstehenden Furchen gesät werden kann. Voraussetzung dafür zu schaffen, dass der Samen »sterben« und so neue Frucht hervortreiben kann. Mit dem Pflug ist also das eigentümliche Zugleich von Sterben und Wachsen verknüpft, das Geheimnis von Fruchtbarkeit schlechthin: neues Leben aus dem Tod. Der Pflug ist damit Symbol für das Drama von Sterben und Auferstehen, von Tod und Leben, von Vergänglichkeit und Fruchtbarkeit.

Die Collage hat auf ganz unspektakuläre, ja unprätentiöse Weise das Urgeheimnis Jesu

und zugleich des Glaubens an Jesus als den Christus ins Bild gesetzt, es zurückhaltend angedeutet, aber dafür umso eindringlicher zum Nachdenken freigegeben. Wohin ruft Jesus in die Nachfolge, wenn er von der Welt des Pflugs wegruft? Wie Buddha verlässt auch Jesus die eigene Familie, nicht aber, um einen Weg der Versenkung, der Meditation zu finden, sondern um sich mit offenen Augen dem konkreten Leid der Menschen zuzuwenden. Eine Zuwendung zu den Armen, Elenden, Kranken, Verlachten, Verachteten und schuldig Gewordenen. Sie bilden seine neue Familie. Jesus steht hier in prophetischer Tradition. Der Buddha verkörpert die mystische Tradition. Zwei Paradigmen des Verhaltens. Zwei Grundhaltungen. Nicht gegeneinander auszuspielen, wohl aber in ihrer Unterschiedlichkeit zu benennen.

Nach dem Glauben von Christen geht auch Jesus in die Vollendung ein. Nicht im irdischen Leben, sondern nach diesem Leben. Nicht durch meditative Versenkung, sondern durch Auferweckung aus dem Tod. Tod und Auferweckung Jesu gehören für Christen zusammen. Und schon die biblischen Texte deuten den Tod Jesu in der Linie, die der »Pflug« andeutet: »Wenn das Weizenkorn nicht in die Erde fällt und stirbt, bleibt es allein; wenn es aber stirbt, bringt es reiche Frucht. Wer an seinem Leben hängt, verliert es; wer aber sein Leben in dieser Welt gering achtet, wird es bewahren bis ins ewige Leben.«

5. DIE KREUZSTRUKTUR DER WIRKLICHKEIT

Ein Meditationsbild für Christen par excellence. Figurales ist hier abwesend, Abstraktes triumphiert. Das Thema lautet: Nachdenken über die Kreuzstruktur der Wirklichkeit.

Ich zwinge mich bei diesem Bild, nicht sogleich alle Aufmerksamkeit auf die kreuzförmigen Durchbrechungen der Wand im oberen Teil des Bildes zu konzentrieren. Ich zwinge mich, von unten nach oben das Bild abzutasten. Zunächst die massigen Steinblöcke zu sehen, welche die Stufen zur Wand bilden, und dabei die verschiedenen Farbnuancen nicht zu übersehen. Auch nicht die Einkerbungen in den Stufen. Indikatoren von Abnutzung, Zeichen einer Geschichte, Lebensspuren. Wer mag hier gewesen sein? Was mag sich hier abgespielt haben?

Ich bin froh, dass der Künstler mich zwingt, vor der Deutung genau wahrzunehmen, die Details nicht zu ignorieren. Ich bin gerade diesem Bild, das unspektakulär zu sein scheint, zu Dank verpflichtet. Es verlangsamt meine Wahrnehmung, verhindert, dass ich rasch darüber hinweghusche.

Gerade weil dieses Bild scheinbar undramatisch ist, unspektakulär, erfordert es Genauigkeit in der Beobachtung. Und wer genau hinsieht, entdeckt Kontrastspannungen, die wache Aufmerksamkeit verdienen. Das Schwarz im unteren Teil links, fragmentiert, in Flecken verteilt, zieht sich hinauf in die Wand, lässt sich, mit dem Weiß kämpfend, unterhalb des fensterartigen Feldes nieder, zunächst amorph, fleckig-schmutzig, dann aber weiter oben im Feld zu Kreuze kriechend, sprich: in strenger Kreuzform sich fügend. Ähnlich auch das »Spiel« der anderen Farben oder Farbpartikel in diesem Bild. Die Verteilung von Grau, Beige, Weiß und Schwarz lässt die Welt dieses Bildes in ihrer Schönheit und Schäbigkeit sichtbar werden.

Es gibt keine andere Welt. Es gibt nur die Welt der Mischungen und Vermischungen. Eine Welt voll von Gegensätzen, Konflikten, Irritationen. Eine Welt des Zugleich von Faszination und Abstoßung, von Schönheit und Verfall, von Ekstase und Ekel. Übergänge, Fragmente allüberall. Sie spiegeln eine Welt, die im Kreuz ihr Ursymbol hat: eine ihren Gegensätzen ausgelieferte, in ihren Widersprüchen gefangene, eine unerlöste Welt. Der Künstler setzt gerade in diese durchmischte, durchkreuzte Welt das Kreuz Christi. Was signalisiert es? Eine Bestätigung? Könnte man meinen. Auch er, der Christus, ist ja ein ans Kreuz Gehefteter.

Der Künstler aber wählt eine Kreuzesdarstellung, die den Mann am Kreuz mit Nimbus zeigt. Seine ausgespannten Arme sind die des Erlösers, der alle in das Drama der Befreiung von Schuld und Tod einschließen will. Zugleich aber ist der Gekreuzigte in diesem Bild kein machtvolles Symbol. Der Künstler gibt ihm – bescheiden, zurückhaltend – nur den Status eines kleinen Zeichens. Er drängt nichts auf. Er tritt nicht mit dem Selbstbewusstsein einer zweitausendjährigen christlichen Erlösungsgeschichte auf. Er will durch ein Kreuz sein Bild theologisch nicht erdrücken.

Die Collage-Technik ermöglicht auch hier ein Doppeltes: das Kreuz Christi ist mitten in diese Welt hineingesetzt, ist somit auf seine Weise Ausdruck der Widersprüchlichkeit der Welt. Das Kreuz aber ist zugleich »über« diese Welt gelegt, eine Größe »extra mundum«, »außerhalb der Welt«, und damit Ausdruck einer Befreiung von dieser Welt. Die schwarzen Kreuze im fensterähnlichen Feld verweisen auf dieses Drama der Befreiung, ohne es schon zu sein. Sie spiegeln diese Welt, transzendieren sie aber auch zugleich – durch den Verweis auf den Erlöser am Kreuz.

Indem also neben die schwarzen Kreuz-Zeichen das Abbild des realen Kreuzes Christi gesetzt wird, kann die Eindimensionalität der ihren Gegensätzen perspektivlos ausgelieferten und in ihren Widersprüchen gefangenen Welt durchbrochen werden. Christen erkennen im Gekreuzigten zugleich den auferweckten, von Gott erhöhten und im Geist präsenten Herrn. Er hat die Macht von Schuldigwerden-Müssen und Sterben-Müssen durchbrochen. Für die an die Präsenz des Geistes Christi Glaubenden ist neues Leben vor Gott und bei Gott möglich. Neues Leben im konkreten Leben »hier und jetzt« sowie neues Leben nach dem Leben »drüben und dort«!

Beides gehört für Christen unlösbar zusammen: Befreiung von dieser durchmischten, durchkreuzten Welt geschieht nicht an den Kreuzen der Welt vorbei, sondern durch die Kreuze hindurch, ja am »Kreuz der Welt«. Christus aber ist nicht gestorben, um die Kreuze der Welt zu verewigen, sondern um sie zu überwinden: im Geist der Botschaft vom Berg. Er wird wiederkommen, um diese Welt und alle Völker im letzten Gericht zu befragen nach dem Kriterium, für das Jesus mit seiner Botschaft bereits angetreten war: »Blinde sehen, Lahme gehen, Aussätzige werden rein …«

Als Weltenrichter kehrt Jesus wieder und legt dieselben Maßstäbe an: »Kommt her, ihr Gesegneten meines Vaters, erbt das Reich, das euch bereitet ist von Anbeginn der Welt! Denn ich bin hungrig gewesen, und ihr habt mir zu essen gegeben. Ich bin durstig gewesen, und ihr habt mir zu trinken gegeben. Ich bin ein Fremder gewesen, und ihr habt mich aufgenommen. Ich bin nackt gewesen, und ihr habt mir Kleidung gegeben. Ich bin krank gewesen, und ihr habt mich besucht. Ich bin im Gefängnis gewesen, und ihr seid zu mir gekommen. Dann werden ihm die Gerechten antworten und sagen: Herr, wann haben wir dich hungrig gesehen und haben dir zu essen gegeben? Oder durstig und haben dir zu trinken gegeben? Wann haben wir dich als Fremden gesehen und haben dich aufgenommen? Oder nackt und haben dich gekleidet? Wann haben wir dich krank oder im Gefängnis gesehen und sind zu dir gekommen? Und der König wird antworten und ihnen sagen: Wahrlich, ich sage euch: Was ihr für einen von diesen meinen geringsten Brüdern getan habt, das habt ihr mir getan.«

6. Wider die Chaosmächte des Industriezeitalters

Dieses Bild macht mir Angst. Ich kann kaum glauben, was ich sehe, hinschauen schon gar nicht. Ein Mast mit einer chaotisch scheinenden Fülle von Elektrokabeln. Schaltkästen sind zu sehen. Halterungen. Offensichtlich ist aus einer ursprünglichen Ordnung nach und nach durch Hinzufügungen ein unbeschreibliches Wirrwarr geworden.

Angst macht mir das Zugleich von Chaos und gebündelter Energie. Noch scheint hier alles ruhig. Noch scheint alles beherrscht. Die Kräfte scheinen unter Kontrolle. Nicht auszudenken, wenn die hier gebündelte Energie frei würde. Wenn alles explodierte und sich in ein Flammenmeer verwandelte.

Ich mache mir noch einmal klar: Wir Menschen können im Zeitalter elektronischer und atomarer Kräfte mehr anstellen als uns vorstellen, mehr anrichten als ausrichten. Und der künstlerische Einfall, in die drohende Welt der Chaosmächte den Gekreuzigten zu setzen, mindert meine Angst nicht im Geringsten.

Wie denn auch? Gezeigt wird dieser Mast als möglicher Kreuzigungsort unseres Jahrhunderts. Was soll daran tröstlich sein? Das Bild des Gekreuzigten verschwindet fast in dieser Chaoswelt, so kleindimensioniert ist es. Halt vermittelt es nicht. Im Gegenteil: Meine Angst steigert sich noch. Mein Gefühl wehr- und hilflosen Ausgeliefertseins potenziert sich, denke ich an die Kräfte, die hier frei werden könnten. Ich hänge selber dort. Dieser Gekreuzigte – das bin ich selber im Gefühl meiner Ohnmacht. Was also? Ist der Sinn dieses Bildes, meine Wehr- und Hilflosigkeit zu verstärken? Wird hier mit dem Gedanken gespielt: Wenn es darauf ankommt, fliegt alles in die Luft, sieht die Welt dem Inferno zum Verwechseln ähnlich?

Dem wäre vermutlich so, gäbe es nicht seit zweitausend Jahren die Gegenbotschaft: »In der Welt habt ihr Angst; aber habt Mut: Ich habe die Welt besiegt.« Dieses kühne, verwegene Wort Christi verweist auf die Existenz einer geistig-moralischen Gegen-Macht in unserer Welt, die den Chaosmächten etwas entgegenzusetzen hätte. Wer oder was ist diese »Gegen-Macht«?

Christen verdanken dem Judenchristen Paulus die tiefste Deutung des Kreuzes Christi *von Gott her*. Er glaubte daran, dass die Ohnmacht und Schwäche Jesu, deren Tiefpunkt das Kreuz ist, das letzte menschliche, aber nicht das letzte göttliche Wort gewesen ist. Gerade dieser Mann aus Tarsus hatte erkannt: Aus menschlicher Perspektive muss ein Tod am Kreuz Ausdruck schierer Ohnmacht und bloßer Schwäche des Menschen sein. Von Gott her aber wird es zu einer »Botschaft«, die alles Menschenbegreifen übersteigt. Gott hat den Gekreuzigten nicht dem Tod gelassen, sondern auferweckt und zu sich erhöht. Er lebt nun in der Seinsweise Gottes, in der Seinsweise des Geistes. Bei Gott und bei uns. Er lebt als der Erhöhte und im Geist Präsente – als geistige Kraft, als spirituelle Energie.

Gott hat damit ein- für allemal ein Zeichen gesetzt: »Das Törichte an Gott ist weiser als die Menschen, und das Schwache an Gott ist stärker als die Menschen. Da sind nicht viele Weise im irdischen Sinn, nicht viele Mächtige, nicht viele Vornehmen, sondern das Törichte in der Welt hat Gott gewählt, um die Weisen zu Schanden zu machen, und das Schwache in der Welt hat Gott erwählt, um das Starke zu Schanden zu machen, und das Niedrige in der Welt und das Verachtete hat Gott erwählt: um das, was nichts ist, und das, was etwas ist, zu vernichten, damit kein Mensch sich rühmen kann vor Gott.«

Ich sehe mit diesem »Wort vom Kreuz« noch einmal auf dieses Bild. Sehe das mögliche Chaos, das jetzt noch gebändigt ist. Sehe den Mann am Kreuz in seiner Ohnmacht und Agonie. Zugleich gibt mir das »Wort vom Kreuz« Vertrauen und Widerstandskraft. Die Chaosmächte der Welt sind von Gott her besiegt. In Christus ist die geistig-moralische Gegenenergie Mensch geworden. Dämonischen Kräften kann man Widerstand entgegensetzen. Man kann sie bannen, vielleicht sogar besiegen. Auch im technisch-industriellen Zeitalter gilt: »In der Welt habt ihr Angst; aber habt Mut: Ich habe die Welt besiegt.«

53

54

III.

Der Erwachte und der Gekreuzigte: Spannungslinien in einem Bild

Jetzt konfrontieren wir sie direkt: Jesus und Buddha. Und wir begreifen schon bei dieser Wortwahl deren Asymmetrie. Zentralsymbol des Buddhismus ist nicht Siddhartha Gautama. Zentralsymbol ist »der Buddha«. Stets wird der Shakyamuni im Zustand endgültiger Vollendung gezeigt – als der Erweckte, der Erwachte.

Zentralsymbol des Christen ist das Kreuz des gekreuzigten Nazareners. Gewiss: Für Christen ist der gekreuzigte Jesus auch der von Gott auferweckte, »zur Rechten des Vaters« erhöhte und im Geist lebendig präsente Herr. Aber Christen haben nicht zufällig und willkürlich das Kreuz zu ihrem Unterscheidungsmerkmal gemacht: Jesus nicht im Zustand seiner Vollendung, sondern im Zustand seiner Gebrochenheit.

Vielen Buddhisten ist das unbegreiflich, ja unerträglich. Selbst der um den buddhistisch-christlichen Dialog hochverdiente vietnamesische Denker *Thich Nhat Hanh*, von dem wir bereits gehört haben, geht in dieser Hinsicht auf Distanz. Seinem schon zitierten Buch »Buddha und Christus heute« (1996) lässt er 1999 die Schrift folgen »Going Home. Jesus and Buddha as Brothers« (deutsch: »Jesus und Buddha – ein Dialog der Liebe«). Von der Brüderlichkeit, d.h. von der geistigen Verwandtschaft von Jesus und Buddha will er sprechen, vom Gekreuzigten aber nichts wissen: »Das Bild von Jesus, das uns gewöhnlich präsentiert wird, ist das Bild von Jesus am Kreuz – ein qualvolles Bild. Es vermittelt keine Freude und keinen Frieden und wird somit Jesus nicht gerecht. Ich wünschte mir, unsere christlichen Freunde würden Jesus auch anders darstellen, vielleicht, wie er in der Lotusposition sitzend meditiert oder Gehmeditation praktiziert. Dann würden Frieden und Freude in unsere Herzen einkehren, wenn wir uns Jesus kontemplierend zuwenden.«

Christen haben diese Kritik ernstzunehmen. Durch eine allzu starke Fixierung auf das Kreuz Christi, durch Überbetonung einer Kreuzestheologie, ja Kreuzesspiritualität, die oft genug Passivität, Duldertum, falscher Wehrlosigkeit Vorschub leistete, haben sie die Kluft zwischen sich und Menschen anderer Religionen oder humanistischer Überzeu-

gungen vielfach vertieft. Auch Muslime wollen bekanntlich aufgrund des Koran (Sure 4,151) von einer Kreuzigung Jesu nichts wissen. Sie glauben nicht, dass Gott einem Gesandten wie Jesus einen solchen Schandtod zugemutet hat. Und diese Kritik hat gute Gründe. Sie geschieht um Gottes und um Jesu willen.

Aber die Gegenfrage müssen Christen stellen: Kann man Frieden und Freude im Namen einer Religion verbreiten unter Verdrängung der »Kreuze« der Geschichte? Der Künstler jedenfalls hat optisch und figural beide Figuren in eine Beziehung gebracht: Jesus und den Buddha. Beide sind sich räumlich ganz nah, und doch scheinen sie unendlich voneinander entfernt. Die Wand, an die sie »geheftet« sind,

wirkt wie ein altes Pergament, wie eine alte Haut. Signalisiert ist dadurch: Es gibt sie seit uralten Zeiten, diese Kluft zwischen Jesus und Buddha. Die Hell-Dunkel-Verteilung der Streifen zwischen beiden Figuren, erzeugt durch die Schatten eines Gitters, gibt dieser Kluft optische Evidenz.

Ich fahre mit den Augen Linie für Linie ab. Ich versuche, Beziehungen herzustellen, die Schattenlinien zu verbinden. Meine Blicke gehen von einer Figur zur anderen. Ich suche. Ich deute. Die Figuren entziehen sich mir.

Ich registriere: Jesus und Buddha stehen sich in unversöhnlicher Gegensätzlichkeit gegenüber. Was könnte denn auch gegensätzlicher sein? Hier ein in Schmerzen gekrümmter, gequälter Körper, das Gesicht zu einem Schrei verzerrt, und dort eine sitzende Figur, die lächelnd Ruhe und Frieden ausstrahlt. Wer wollte diese Gegensätze einebnen? Fahrlässig wäre dies, unverantwortlich. Leben als Leiden kennen beide. Aber es ist in der Tat ein Unterschied, ob man wie Jesus sein Leben durch die Passion hindurch bis zum bitteren Ende durchleben muss und dann in die Vollendung Gottes eingeht, oder ob man mit Hilfe der Meditation im eigenen Leben das Leiden besiegt und schon hier und jetzt die Vollendung erfährt. Christus und Buddha – sie stehen sich ein für allemal in der Religionsgeschichte der Menschheit als sehr verschiedene, konträre Urgestalten gegenüber: der prophetische Kämpfer aus Nazareth und der mystische Meditierer aus Lumbini; der Wanderprediger und Geschichtenerzähler in der Tradition der Propheten und Rabbis und der Wandermönch in der Tradition der Yogis und Asketen.

Gebet hier – Meditation dort. Der Unterschied zwischen Buddhisten und Christen wird hier am sinnfälligsten. Bedeutende Religionsgeschichtler wie Friedrich Heiler (»Buddhistische Versenkung«, 1922) oder Gustav Mensching (»Buddha und Christus«, 1978) haben ihn bereits herausgearbeitet. Ich kann mich ihren Ausführungen anschließen: »Wie die entscheidenden Augenblicke in Buddhas Leben der Versenkung gehörten, so in Jesu Leben dem Gebet. Bei Buddha ein stilles Versunkensein, bei Jesus ein lautes Rufen und Schreien Gott gegenüber. Bei Buddha ein langsames, planmäßiges Aufsteigen des Geistes zu höherer und reinerer Atmosphäre. Bei Jesus ein kühnes, leidenschaftliches Sich-Herandrängen an Gott. Bei Buddha ein allmähliches Einsinken in tiefen Frieden, in kühle Ruhe, in bewusstlose Wonne. Bei Jesus ein leidenschaftliches Verlangen nach dem Kommen der Gottesherrschaft. Bei Buddha ein leidloser, freudloser Gleichmut, aus Meditation erwachsend. Bei Jesus eine starke und frohe Ergebung in Gottes Vaterwillen. Bei Buddha ein Ruhen im personalen Sein, bei Jesus eine lebendige Zwiesprache, ein wirklicher Umgang, ein persönlicher Verkehr mit Gott. Bei Buddha schließlich die Läuterung von Affekten und Willensregungen und ein Ersterben aller Lebenstendenzen, bei Jesus dagegen ein spontaner, gewaltsamer Durchbruch des übernatürlichen Effektes, ein Aufjauchzen in höchsten Glück, ein Aufschrei aus tiefer Not, ein Ausschütten des Herzens« (G. Mensching).

Aber indem ich diese Passage noch einmal überlese, geht mir auf, dass hier im Kern keine Widersprüche zwischen Buddha und Jesus beschrieben sind, sondern nur verschiedene Grundhaltungen dem Absoluten gegenüber.

Muss man also wirklich wählen und das je Andere verwerfen? Das Zweite Vatikanische Konzil jedenfalls hat in eine andere Richtung gewiesen. In einer epochalen »Erklärung über das Verhältnis der Kirche zu den nichtchristlichen Religionen« hat es erstmals in der Geschichte der Kirche sich zum Selbstverständnis einer Religion wie dem Buddhismus geäußert und versucht, das Gemeinsame herauszustellen. Ein historisch beispielloses Dokument, an das ich immer wieder gerne erinnere: »Im Buddhismus in seinen vielfältigen Formen wird das radikale Ungenügen dieser veränderlichen Welt anerkannt und ein Weg gelehrt, auf dem die Menschen mit andächtigem und vertrauendem Herzen einen Zustand vollkommener Befreiung zu erreichen oder – sowohl durch eigene Versuche als auch gestützt auf höhere Hilfe – zu höchster Erleuchtung zu gelangen vermögen. So bemühen sich auch die übrigen Religionen, die man auf der ganzen Welt findet, der Unruhe des Herzens der Menschen auf vielfältige Weisen zu begegnen, indem sie Wege vorlegen, nämlich Lehren und Lebensregeln sowie heilige Riten. Die katholische Kirche verwirft nichts von dem, was in diesen Religionen wahr und heilig ist.«

2. DER CHRISTUS UND DER BUDDHA – BRÜDER?

Erlöser sind sie beide, und zwar für die, die ihre Nachfolge suchen. Für beide gilt dabei: Erlösung wird keineswegs nur angestrebt »im Jenseits«. Auch für Christen nicht. Beide, Buddhisten wie Christen, kennen »Erlösung« als Befreiung vom Bösen durch innere geistige Erneuerung. Buddhisten nennen das »Erwachen«, »Erkennen«. Christen nennen dies »neue Schöpfung in Christus«, »neues Leben im Geist«.

So viel ist sicher: Beide, Christus und Buddha, haben eine »ewige Botschaft« für die Menschen. Auf der Collage ist dies optisch symbolisiert durch den aufgelösten und verschlungenen Knoten im stählernen Stab. Die sich lösenden und wieder vereinigenden Schlangenlinien sind ein Symbol für Unendlichkeit, Ewigkeit.

Buddhistische und christliche Denker beschreiben denn auch heute Buddha und Christus weniger in ihren abstoßenden Gegensätzen als in ihrer inneren geistigen Verwandtschaft. Hat nicht auch Jesus meditiert? Hat nicht auch Jesus den Rückzug in die Einsamkeit der Wüste gesucht, wo er fastete, betete? Können nicht auch christuserfüllte Denker wie der Völkerapostel Paulus von der Aufgabe des Ich, von der Überwindung des

Ego sprechen, fast so wie ein Buddhist: »Ich bin mit Christus gekreuzigt. Ich lebe, doch nun nicht ich, sondern Christus lebt in mir«? *Thich Nhat Hanh* jedenfalls, auf den wir uns schon verschiedentlich bezogen, ist entschieden der Meinung, dass Jesus gerade auch in seiner Spiritualität etwas Christen und Buddhisten Verbindendes habe: »Er (Jesus) meditierte und stärkte den Heiligen Geist in sich, um eine völlige Transformation zu erlangen. Es ist nicht überliefert, welche Haltung er einnahm, während er meditierte; ich bin mir aber sicher, dass er Sitz- und Gehmeditation praktizierte sowie meditatives Schauen und tiefes Berühren und dadurch die Energie des Heiligen Geistes in sich stärkte. Vielleicht saß er dabei, so wie der Buddha, unter einem Bodhi-Baum.

Jesus hatte die Kraft, anderen Wesen Freude, Glück und Heilung zu bringen, weil er von der Energie des Heiligen Geistes ganz erfüllt war. Auch wir tragen den Samen des Heiligen Geistes in uns. Wir Buddhisten sprechen von ›Buddhaschaft‹ oder ›Buddha-Natur‹. Wir sprechen von Achtsamkeit. Achtsamkeit ist die Energie, die uns hilft, still zu werden und ganz präsent zu sein, so dass wir tief schauen und tief berühren können und allmählich verstehen und erkennen, dass wir ein Zuhause haben.«

Von daher kann Thich Nhat Hanh als Buddhist heute Jesus und Buddha als »zwei Brüder« beschreiben, die »einander helfen« müss-

ten: »Wir müssten dem Buddha und Jesus die Gelegenheit geben, sich in jedem Augenblick in uns zu treffen. Denn wir alle haben es nötig, in unserem täglichen Leben den Geist des Buddha und den Geist Jesu zu berühren; sie müssen in uns manifest werden. Für uns alle sind ihre Energien so entscheidend, damit wir unsere Angst, unsere Verzweiflung und unseren Kummer umarmen und überwinden können.

Sowohl Jesus als auch der Buddha erklären, dass es möglich ist, unseren Frieden und unsere Hoffnung wiederzufinden. Unser innerer Friede, unsere geistige Stabilität, unsere Hoffnung kommt denen zugute, die wir lieben, und überhaupt all unseren Mitmenschen. Jeder Schritt, den wir in Richtung Frieden tun, jedes Lächeln und jeder liebevolle Blick hilft dem anderen und bringt ihn dazu, vertrauensvoll in die Zukunft zu blicken.

Darum sollte der Buddha Jesus helfen, sich vollkommen zu erneuern, und umgekehrt sollte auch Jesus dem Buddha helfen, neue Kraft zu gewinnen. Jesus und der Buddha sind keine bloßen Ideen; sie sind in uns und in unserer Umgebung lebendig. Wir können täglich mit ihnen in Berührung kommen.«

Auf christlicher Seite ähnliche Vorstöße. Unvergessen ist mir die Lektüre des Buches »Absolutes Nichts« (1976), verfasst durch den katholischen Theologen Hans Waldenfels, der mehr als andere für das buddhistisch-christliche Gespräch getan hat. Auch er bemüht

sich, bei allen scharfen Unterscheidungen zwischen Christus und Buddha, doch Begegnungen auf einer tieferen Ebene herzustellen, Entsprechungen herauszuarbeiten: »Seit der Erleuchtung des Buddha ist für den Buddhismus die Erleuchtung das Maß aller Dinge. Der Buddhist ist ein Mensch, der zur Selbstverwirklichung in seinem Leben strebt und dabei weiß, dass er sie nicht ohne radikale Loslösung gewinnen kann. Die wahre Erlösung aber ruft ihn zurück in ein Engagement des Mitleidens und der Barmherzigkeit.

Seit dem Kreuzestode Christi ist für den Christen die Liebe das maßlose Maß seines Verhaltens. Der Christ ist ein Mensch, der zur Selbstverwirklichung strebt, indem er sich in radikalem Einsatz durch die Anderen verzehrt. Die wahre Liebe weiß sich getrieben von der Erleuchtung durch den Geist Christi.

Erleuchtung, die Liebe ausstrahlt, und Liebe, die erleuchtet ist und ergreifend, bedingen einander. Hier aber fragt es sich: begegnen sich in der neuen Kommunikation der Tiefe, wo in Armut, Tod und absolutem Nichts erst das wahre Selbst aufersteht, nicht doch das Lächeln des erleuchteten Buddha und das leidgeprüfte Antlitz des gekreuzigten Jesus?«

Ein kühnes Bild, ästhetisch wie theologisch. Beide Figuren ineinander übergehend, ohne ihre Identität preiszugeben. Im Gegenteil: Beide sind eine Herausforderung füreinander! Gewaltige Spannungen durchziehen die Collage, gleichgültig, ob man von Christus auf den Buddha oder vom Buddha auf den Christus schaut. Es ist, als ziehe der Christus mit der großen Erlösergebärde den Buddha »nach oben« und als hole der Buddha, rätselhaft lächelnd, den Christus mit der großen Gebärde »nach unten«. Es ist, als wisse dieser Christus viel »vom Himmel« und der Buddha viel »von der Erde«. Es ist, als träfe der Buddha den Christus ins Herz und ziehe der Christus den Buddha in die Unendlichkeit.

Gegensätze müssen nicht agonal sein, kämpferisch einander abstoßend. Sie können komplementär sein, sich gegenseitig ergänzen und vollenden. Die Seligpreisungen von einem Berg in Galiläa und die Erlösungspredigt unter einem Baum bei Sarnath in Nordindien: Haben beide, bei allen tiefgreifenden Unterschieden, nicht doch auch eine innere Verwandtschaft? Durchweht sie nicht ein ähnlicher Geist des Friedens, des Strebens nach innerer Versöhntheit, nach Harmonie mit sich und dem Absoluten?

Diese Wahrnehmung erinnert mich an ein eindrückliches Buch, das der holländische

61

Schriftsteller *Janwillem van de Wetering* 1972 über seine »Erfahrungen in einem japanischen Zen-Kloster« unter dem Titel »Der leere Spiegel« veröffentlicht hat. Als 26-jähriger war er Ende der fünfziger Jahre nach Japan gereist. Orientierungslos, wie er damals war, hatte er »einfach einmal« an die Tür eines zenbuddhistischen Klosters in Kyoto angeklopft. Er war aufgenommen worden, um die Praxis des Zen-Buddhismus kennenzulernen. Es ist die harte Praxis täglicher Meditation. Der Holländer lässt sich darauf ein und berichtet später in seinem Buch ganz realistisch von den Lebensbedingungen, denen man sich in einem zenbuddhistischen Kloster zu unterwerfen hat. Unvergessen ist mir vor allem die Passage, in der van de Wetering seine Begegnung mit einem katholischen Priester beschreibt, einem Jesuiten aus Deutschland. Die Anwesenheit dieses Mannes im Kloster stört ihn zunächst. Polemisch-aggressiv ergießt er seine ganze Verachtung über einen Mann, den er für den Vertreter eines »zum Untergang verurteilten Systems« hält. Gerne hätte er ihn bekehrt! Doch dann muss er sich ausgerechnet von den buddhistischen Mönchen sagen lassen, dass sie diesen Christen wie einen Heiligen verehren. Bescheiden tritt er auf, täglich kommt er zur Meditation. Worauf dem Schriftsteller diese Geschichte einfällt: »Man erzählt, dass es in Hokkaido, der nördlichsten Insel Japans, ein kleines Zen-Kloster gibt, dessen Meister nicht eine einzige Schule besucht hat. Er war ein Bauernsohn

und als ganz junger Mensch ins Kloster geschickt worden. Er hatte niemals Lesen und Schreiben gelernt, aber er vollendete das Koan-Studium und erreichte vollkommene Einsicht. Dass es neben dem Buddhismus noch andere Religionen gab, war ihm kaum bewusst, bis er die Mönche über das Christentum sprechen hörte.

Einer der Mönche war an der Universität von Tokio gewesen, und der Lehrer bat ihn, die christliche Religion zu erläutern.

›Ich weiß nicht viel darüber‹, sagte der Mönch, ›aber ich werde Ihnen die Heilige Schrift der Christen bringen‹.

Der Meister schickte den Mönch in die nächste Stadt, und der Mönch kam mit einer Bibel zurück.

›Das ist ein dickes Buch‹, sagte der Meister, ›und ich kann nicht lesen. Aber kannst du mir daraus vorlesen?‹

Der Mönch kannte die Bibel und las die Bergpredigt vor. Je weiter er kam, umso beeindruckter war der Lehrer. ›Das ist schön‹, sagte er immer wieder, ›das ist schön‹. Als der Mönch zu Ende gelesen hatte, sagte der Meister eine Weile nichts. Das Schweigen dauerte so lange, dass der Mönch die Bibel weglegte, den Lotussitz einnahm und zu meditieren begann. ›Ja‹, sagte der Meister endlich, ›ich weiß nicht, wer das geschrieben hat, aber wer es auch war, er war entweder ein Buddha oder ein Bodhisattva. Was du mir da vorgelesen hast, ist der Kern von all dem, was ich euch hier beizubringen versuche.‹«

Die Begegnung zwischen Christen und Buddhisten stand lange Zeit im Zeichen der Konfrontation. Man betonte die sich ausschließenden Wahrheitsansprüche, die völlig widersprüchlichen Lehren vom Absoluten, vom Menschen und seiner Zukunft, von Gesellschaft und Praxis. Jahrzehnte des geduldigen Dialogs haben nicht dazu geführt, diese Unterschiede einzuebnen, die Differenzen zu bagatellisieren. Buddhistisches Denken kennt nun einmal keine Rede von Gott als Schöpfer, Erlöser und Richter der Welt. Umgekehrt ist Buddhismus undenkbar ohne das Karma-Gesetz von Tat und Tatenfolge, von Ursache und Wirkung, ohne die Annahme einer Wiederverkörperung. Auch ist buddhistisches Verständnis des Absoluten nun einmal nicht identisch mit dem Gottesbild der monotheistisch-prophetisch-abrahamischen Religionen.

Aber Jahrzehnte geduldiger Dialog-Arbeit haben auch dazu geführt, dass man heute weniger in sich ausschließenden Widersprüchen als in Entsprechungen denkt, in strukturellen Äquivalenten und Komplementaritäten. Ich hatte dies schon angedeutet und unterstreiche es noch einmal: Was früher sich widersprüchlich auszuschließen schien, erkennt man heute als sich komplementär ergänzende verschiedene Sehweisen auf ein und dieselbe Sache. Anstelle des Entweder-Oder-Denkens tritt ein Sowohl-als-auch-Denken. Der große protestantische Theologe *Paul Tillich* ist mit seiner Schrift »Das Christentum und die Be-

gegnung der Weltreligionen« (1964) hier vorangegangen. Diese noch heute lesenswerte Schrift – entstanden nach einer Japan-Reise – enthält auch einen Abschnitt, der überschrieben ist mit: »Ein christlich-buddhistischer Dialog«. Tillich vergleicht schon hier die Vorstellung von »Nirwana« mit der Vorstellung vom »Reich Gottes«. Statt Ausschließlichkeiten sieht er Entsprechungen und so Möglichkeiten eines Gesprächs. Beide, »Nirwana« und »Reich Gottes«, beruhten auf einer negativen Bewertung der irdischen Existenz. Das »Reich Gottes« stehe im Gegensatz zum Reich dieser Welt, das von Dämonen beherrscht werde. Das »Nirwana« stehe im Gegensatz zur Welt des Scheins als die wahre Wirklichkeit. Tillich folgert daraus: Beide Sichtweisen des Ewigen schließen sich nicht aus. Beide sind verschiedene Aspekte, die nebeneinander möglich sind, weil beide aus echter Erfahrung des Heiligen stammen.

Ähnlich im Ethos. Es ist das Verdienst des Tübinger Ökumenikers *Hans Küng*, dass er – unbeschadet aller bleibenden Differenzen zwischen den Religionen – Gemeinsamkeiten im Ethos herausgestellt hat. Und dies nicht nur (was unvergleichlich leichter ist) zwischen den prophetisch-monotheistisch-abrahamischen Religionen nahöstlichen Ursprungs, sondern auch zwischen den weisheitlichen und mystischen Religionen asiatischen Ursprungs, darunter dem Buddhismus. Die von ihm 1993 ausgearbeitete und vom Parlament der Welt-

religionen verabschiedete »Erklärung zum Weltethos« zeigt vier unverrückbare Weisungen, die allen Religionen gemeinsam sind. Es sind vier, und es können nur vier sein, weil nur in diesen vier auch Buddhisten sich wiedererkennen können. Nicht töten! Nicht stehlen! Nicht lügen! Sexualität nicht missbrauchen.

Küngs Portrait des Buddhismus in seinem Buch »Spurensuche. Die Weltreligionen auf dem Weg« (1999) schließt deshalb programmatisch mit dem Hinweis auf ein Grundethos, das Menschen aller Religionen auch mit Buddhisten teilen: »Allüberall ist der Einzelne gefordert. Jeder muss selbst den Weg gehen. Der Mensch macht sich selbst zu dem, was er ist. Mensch wird man, indem man sich in menschliches Verhalten einübt. Entscheidend ist dabei, das Ich möglichst zu vergessen, sich in Selbstlosigkeit zu üben. In jener Selbstlosigkeit, die Voraussetzung ist, um allen Lebewesen:

– statt Ablehnung und Abgrenzung unbegrenztes Wohlwollen entgegenzubringen;
– statt Gefühlskälte und Unsensibilität allumfassendes Mitgefühl;
– statt Neid und Eifersucht stille Mitfreude und schließlich
– statt Gier nach Macht, Erfolg und Prestige unerschütterliche Gelassenheit.

Die Menschheit könnte in einer neuen Weltkonstellation mehr Mitgefühl, Friedfertigkeit, Sanftheit, Heiterkeit, Toleranz und Harmonie im Geist des Buddha gebrauchen.«

4. DIE ZEICHEN AN DER WAND

Wir schließen dieses unser sehr persönlich gestaltetes Buch bewusst mit diesem Bild ab: Christus und Buddha auf einer Wand voll von Zeichen. Der Prozess der Auseinandersetzung ist nicht zu Ende. Er ist offen. Das will dieses Bild signalisieren.

Zu sehen ist eine Mauer aus gewaltigen Quadern. Graffitispuren. Lebensspuren von Menschen, die an dieser Wand gestanden haben. Schweigend? Betend? Ernst? Spielerisch? Wer weiß! Vielleicht suchten sie Hilfe, gestanden sich Ängste ein, bekundeten Dankbarkeit, trieben Späßchen. Wer weiß! Jedenfalls haben sie Zeichen hinterlassen, vielfach zu deuten. Der Buddha und der Christus gehören in diese Welt menschlicher Zeichen. Sie sind selber Zeichen und Zeichendeuter, Hoffnungsfiguren von Menschen, die Orientierung für ihr Leben suchen.

In der Mitte der Wand ist offenbar Mörtel herausgekratzt worden. Man sieht einen Schlitz, einen kleinen »Durchbruch«. Die Wand verliert dadurch alles Abweisende, wird erst recht zur Projektionswand menschlicher Urbedürfnisse nach Hoffnung und Sinn. Zeichen-Wände dieser Art findet man überall auf der Welt. An Brücken beispielsweise, so wie auf diesem Bild. Auch an »Klagemauern« überall auf der Welt. An der von Jerusalem habe ich selber ungezählte Male gestanden. Ich habe kleine Zettel in die Mauerritzen gesteckt: meine Zeichen eines kleinen Gebetes, meine Zeichen der Dankbarkeit für mein Leben, meine Zeichen der Hoffnung auf Frieden gerade im Heilig-Unheiligen Land!

Der Buddha und der Christus: Sie werden angerufen im Gebet von denen, die in sie Vertrauen setzen. Wir Menschen brauchen Gestalten, deren Wort wir vertrauen können. Dies einzugestehen, ist nicht Ausdruck von Schwäche, sondern von Ehrlichkeit, von Menschlichkeit. Ohne solche Gestalten lebten wir ärmer, einsamer, spirituell verkümmerter, hoffnungsloser in einer Welt aus Kälte und Schönheit.

Dabei gilt es nicht, auf den Buddha und auf den Christus zu »schwören«. Der Buddha weist den Menschen den achtspurigen Pfad, der Christus ruft die Menschen in die Nachfolge. Beide erwarten von Menschen, dass sie diesen Pfad in Freiheit gehen, dass sie diese Nachfolge ganz persönlich vollziehen. Jeder hat seinen Weg, und der Buddha und der Christus können die Suche nach dem eigenen Weg niemandem abnehmen. Beide sind uns vorausgegangen, gehen aber müssen wir selber. Deshalb ist mir eine Passage aus *Hermann Hesses* Roman »Siddhartha« (1922) so kostbar: das Gespräch zwischen Siddhartha und Buddha im dritten Kapitel (»Gotama«) des ersten Teils. In diesem Zwiegespräch drückt

Siddhartha zunächst seine Zustimmung zur Lehre des Buddha aus. Er zweifelt keinen Moment, dass Gautama wirklich der Buddha geworden sei, dass er das Ziel erreicht habe, nach welchem »so viel tausend Brahmanensöhne« unterwegs gewesen seien. Er, Gautama, habe zweifellos »die Erlösung vom Tode« gefunden. Gefunden aber nicht durch Lehre, sondern durch eigenes Suchen, auf eigenem Weg, durch eigene Gedanken.

Aber genau deshalb kann Siddhartha dem Buddha nicht folgen. Er hätte wiederum nur die Lehre eines Anderen übernommen, wäre gerade nicht den eigenen Weg gegangen. Siddhartha wörtlich: »Vieles enthält die Lehre des erleuchteten Buddha, vielmehr lehrt sie, rechtschaffen zu leben, Böses zu meiden. Eines aber enthält die so klare, die so ehrwürdige Lehre nicht: Sie enthält nicht das Geheimnis dessen, was der Erhabene selbst erlebt hat, er allein unter den Hunderttausenden. Dies ist es, was ich gedacht und erkannt habe, als ich die Lehre hörte. Dies ist es, weswegen ich meine Wanderschaft fortsetze – nicht um eine andere, eine bessere Lehre zu suchen, denn ich weiß, es gibt keine, sondern um alle Lehren und alle Lehrer zu verlassen und allein mein Ziel zu erreichen oder zu sterben.«

Allein das Ziel erreichen, und zwar auf dem eigenen, ganz persönlichen Weg! War es bei dem Mann aus Nazareth wesentlich anders? In die Nachfolge Jesu gerufen zu werden,

heißt, Vertrautes loslassen, Überkommenes preisgeben zu können, um den eigenen Weg in der Nachfolge anzutreten. Eine Schlüsselszene aus den Evangelien ist mir unvergessen. Ein reicher Mann fragt Jesus, was er tun müsse, um das »ewige Leben« zu gewinnen. Er kenne doch die Gebote, antwortet Jesus: nicht töten, nicht die Ehe brechen, nicht stehlen, nicht falsch aussagen, keinen Raub begehen; Vater und Mutter ehren. Er habe alle diese Gebote von Jugend an befolgt, antwortet ihm der Mann. Da sieht ihn Jesus an, und weil er ihn liebt, sagt er: »Eines fehlt dir noch: Geh, verkaufe, was du hast, gib das Geld den Armen, und du wirst einen bleibenden Schatz im Himmel haben; dann komm und folge mir nach!« Der Mann aber ist betrübt, als er das hört, und geht traurig weg. Er hatte ein großes Vermögen!

PERSÖNLICHE NACHWORTE

Wir hatten ein ganz persönliches Buch angekündigt; ein solches ist es geworden. Bilder und Texte zeugen davon. Doch ein Wort zur Geschichte dieses Buches mag zum besseren Verständnis hilfreich sein. Es passiert ja nicht alle Tage, dass ein Ordinarius und Klinikdirektor für »Psychiatrie und Psychotherapie im Kindes- und Jugendalter« wie Gunther Klosinski und ein Theologe und Literaturwissenschaftler wie ich selber zum Thema Buddha und Christus zusammenarbeiten. Ein Wort zur Geschichte unserer je eigenen Begegnung mit der Welt des Buddhismus und zugleich zu unserer persönlichen Zusammenarbeit dürfte hier am Platz sein.

Ich selber verdanke eine erste literarisch-imaginäre Begegnung mit dem Buddha dem Roman »Siddhartha« von Hermann Hesse. Ich weiß nicht genau, wann ich ihn zum ersten Mal so bewusst las, dass mir der Gegensatz zwischen Hesses Siddhartha und dem Buddha bewusst wurde, auf den für die Konzeption des Romans alles ankommt. Das dürfte in den siebziger Jahren gewesen sein, als mich Hesse während meines Germanistikstudiums literaturwissenschaftlich zu interessieren begann. Was auf den ersten Blick verwirrt (beide »Helden« tragen denselben

Namen), ist am Ende Hesses Plädoyer für einen eigenen Weg zum Absoluten, den jeder Mensch suchen und finden muss. Hesses Siddhartha liebt den Buddha (und die Anhänger des Buddha, so seinen Freund Govinda), muss aber seinen Weg zur Wahrheit selber gehen. Das hat mir schon früh Eindruck gemacht: Lehrer und Lehren sind wichtig, aber sie dürfen nicht zum Alibi werden, den eigenen Weg nicht zu suchen.

Eine vertiefte religionswissenschaftlich-theologische Auseinandersetzung mit dem Buddha, gerade in Konfrontation mit Jesus, dem Christus, verdanke ich *Hans Küng*. Schon sein Buch »Christ sein« (1974) enthält eine höchst informative Skizze zu Wesen und Geschichte des Buddhismus sowie immer auch Fingerzeige zum Vergleich zwischen Jesus und den großen »Stiftern« der Weltreligionen, Buddha inklusive. Der von Küng mitgestaltete Band »Christentum und Weltreligionen« enthält bereits einen detaillierten Vergleich zwischen dem Buddha und dem Christus. Für mich sind die Abschnitte in diesem Buch »Was Jesus und Gautama verbindet«, »Was Jesus und Gautama unterscheidet«, »Der Erleuchtete und der Gekreuzigte«, »Nirvana oder ewiges Leben« von wegweisender Bedeutung geworden. Küng geht es darum, das unverwechselbare Profil der beiden großen Gestalten der Religionsgeschichte herauszuarbeiten, aber nicht gegeneinander auszuspielen, son-

dern als komplementäre Grundhaltungen bewusst zu machen.

Im August 1997 dann eine erste intensive Begegnung mit der Welt des Buddhismus, freilich nicht in Stammländern wie Sri Lanka, Tibet, Burma oder Thailand, sondern auf Java in Indonesien. Dort steht ein einzigartiges Bauwerk in der Geschichte des Buddhismus: der Berg von Borobudur. Der ganze Tempelbau ist ein künstlicher Berg von 45 Metern Höhe, der den kosmischen Berg, das Zentrum der Welt, symbolisiert. Die vielschichtige Bedeutung des Gebäudes entsteht aus der Verbindung des in der Form eines Mandalas angelegten Baukörpers mit 72 kleineren bekrönten Stupas mit ca. 600 Buddha-Statuen sowie an die 1500 Reliefskulpturen, in denen der Kosmos des buddhistischen Glaubens gestalterisch eingefangen ist. Seit meinem Besuch steht auf meinem Schreibpult der einzigartig schöne Kopf eines Buddha aus Borobudur. Er hat mich immer wieder neu herausgefordert, Jesus und Gautama in einen Dialog zu bringen.

Wenn man viele Jahrzehnte wie ich an der Universität Tübingen tätig ist, fallen einem bestimmte Kollegen besonders auf. Gunther Klosinski gehört dazu. Er arbeitet zwar in einer Abteilung, die von der meinen höchst verschieden ist: »Psychiatrie und Psychotherapie im Kindes- und Jugendalter«. Aber schon früh hat Gunther Klosinski in seinen wissenschaftlichen Arbeiten Brücken in die Welt der Religion geschlagen. Mir stand immer vor Augen, dass es Publikationen von ihm unter Titeln wie diesen gibt: »Religion als Chance und Risiko« (1994), »Grenz- und Extremerfahrung im interdisziplinären Dialog« (2003) oder »Über Gut und Böse: Wissenschaftliche Blicke auf die gesellschaftliche Moral« (2007).

Erstmals persönlich und sachlich näher kamen wir uns im Jahre 2006. Zu meiner Überraschung kam Gunther Klosinski im Herbst diesen Jahres mit einem Manuskript seiner Gedichte auf mich zu. Erst jetzt nahm ich zur Kenntnis, dass Gunther Klosinski nicht nur wissenschaftlich-therapeutische, sondern auch künstlerische Arbeiten vorgelegt hat. Seine Gedichte forderten mich derart heraus, dass ich einen längeren Beitrag dazu schrieb, den Gunther Klosinski dann als »Einführung« seinem Gedichtband voranstellte: »Ein Händedruck der Zeit. Gedichte und Collagen« (Tübingen 2007).

Bei der Beschäftigung mit seinem künstlerischen Werk war mir aufgefallen, dass insbesondere in dem Fotocollagenband »Innenwelt – Außenwelt« (2005) häufig die Gestalt des Buddha zu sehen ist. In meiner »Einleitung« fragte ich den Künstler direkt: »Ob hier in Zukunft die sprachlichen Explorationen weitergehen könnten? Wer solche Fotocollagen gestalten und solche Texte zu schreiben vermag, wozu wäre der fähig, wenn ihn der Vergleich Buddha – Christus literarisch weiter herausfordern würde? Das Schweigen des Buddha und der Schrei des Gekreuzigten: Es gibt keine größere Polarität im Gottes- und Menschenbild durch die Geschichte der Religionen und Kulturen hindurch.«

Gunther Klosinski hat diese meine Herausforderung aufgenommen. Zwar nicht literarisch, wohl aber künstlerisch hat er sich dem Thema Buddha – Christus neu geöffnet, hat es differenziert und in einer größeren Komplexität zu gestalten versucht. Eine Bemerkung von mir hat ihn dabei zweifellos zusätzlich herausgefordert: »Wenn Sie künstlerisch sich auf den Dialog Buddha – Christus einlassen, bin ich bereit, Texte zu Ihren Bildern zu schreiben.« Eines Tages waren die Bilder da. Die Herausforderung war nun an mir.

Karl-Josef Kuschel

Der Gekreuzigte, Gemarterte, Verzweifelte und der Erleuchtete, In-Sich-Ruhende, Lächelnde: gegensätzliche Bilder, Metapher, Symbole, mit denen wir aufgewachsen sind, die uns begleiten als gegenwärtige Nachhall-Eindrücke aus früher Kindheit? In unser Gedächtnis eingegrabene Gefühle aus grauer Vorzeit, die unsere Zukunft mitgestalten, uns heimsuchen, »anfallen«, oder die zum Verweilen einladen? Gebrochene Spiegelbilder des eigenen Körpers, den man nicht nur hat, sondern der man ist? Christus, der Gekreuzigte und Buddha, der Erleuchtete: Antipoden körperlicher Grenzerfahrungen, fleischgewordene Symbole, die von Erlösung zeugen wollen, aktueller, moderner und widersprüchlicher denn je?

Als Kinder- und Jugendpsychiater, Psychiater und Psychotherapeut begegne ich Menschen in Krisensituationen: akute und chronische Lebenskrisen sind oder führen hin zu Sinn- und Wertekrisen. Sie münden ein in Beziehungskrisen, in Störungen der Beziehung des Menschen zu seinen Lebenswelten: zur Innenwelt und Außenwelt, Mit- und Umwelt. Die Frage nach dem Warum der erlebten Bedrohung in der Krise führt zur Frage nach einer religiösen Vorsehung, zur Frage nach

dem Schuldigwerden und -sein. In den letzten zwei Jahrzehnten gab es eine Entwicklung hin zu selbstverletzendem Verhalten bei Jugendlichen, die sich selbst schneiden, ritzen, daran leiden und nicht verstehen, weshalb sie sich quälen oder gequält wurden. Viele unter ihnen befinden sich auch in einer religiösen Glaubenskrise, fühlen sich als Opfer, seelisch gequält, richten sich selbst und wollen, zum Teil unbewusst, dass ihr Leiden als Selbstopfer und unüberhörbarer Schrei wahrgenommen wird von einer Umwelt, die sie als ungerecht oder gleichgültig ihnen gegenüber wahrnehmen. Suizidale Menschen erleben sich als Opfer und werden zu Tätern sich selbst gegenüber, nachdem mörderische Impulse nach außen blockiert erscheinen. Positive Gottesbilder (z.B. der »gute Hirte«, »Schutzengel«), die vergebende, versöhnende, innere Zerrissenheit heilende Aspekte symbolisieren, können zur nachhaltigen Krisenbewältigung führen. Zur Krisenverschärfung kommt es dagegen immer dann, wenn verinnerlichte Gottesbilder zur übertriebenen Selbstbeschuldigung, Selbstabwertung und Selbstbestrafung führen.

Mein Interesse für ferne Länder und andere Religionen, insbesondere den Buddhismus und Hinduismus wurde wahrscheinlich schon sehr früh geweckt durch ein rituelles abendliches Vorlesen meines Vaters im Buch von Sven Hedin »Von Pol zu Pol«. Mein Interesse

für religiöse Fragen war in der Oberstufe des Gymnasiums groß. Ich empfand es als persönliches Pech, einen Religionslehrer zu haben, der wenig Zeit erübrigte für die Diskussion mit den Schülern, was meinen Austritt aus dem Religionsunterricht zur Folge hatte. Als dann aber meine Mitschüler im besagten Religionsunterricht den Buddhismus und den Hinduismus durchnahmen, empfand ich zutiefst, etwas zu versäumen und las die damalige Standardwerke von Heinrich Zimmer über die Religionen Indiens. Das Pech mit dem Religionslehrer entpuppte sich so als Glück, als ich im Studium und in der Facharztausbildung – von meiner zukünftigen Frau animiert – immer wieder nach Asien aufbrach in den späten 60er-, den 70er- und frühen 80er-Jahren. Die Begegnung mit einem jungen buddhistischen Mönch in der Swedagon-Pagode in Rangun konfrontierte mich mit meinem eigenen christlichen Glauben: Ich musste Farbe bekennen, als der aufgeschlossene, offene junge Mönch mich bat, ihm mitzuteilen, was das Wesentliche meines christlichen Glaubens sei. Anlässlich verschiedener Reisen durch Südost-Asien und den Begegnungen mit tief religiösen Menschen in Burma, Thailand, Sikkim und insbesondere in West-Tibet (Laddakh) wurde ich mit dem Buddhismus in seinen unterschiedlichen Facetten konfrontiert. Angezogen war ich insbesondere von der Lehre des Mahayana-Buddhismus, der im tibetischen Bereich tief verankert ist. Die Bedeutung des Bodhisattva als eines zukünftigen Buddha, der die Lehren von Güte und Mitleid in die Welt hinausträgt und alle seine eigenen Verdienste und sein Wirken den anderen Wesen zur Verfügung stellt, um allen den Weg der Befreiung weisen zu können, faszinierte mich. Avalokiteshvara, als die wichtigste Form des tibetanischen Bodhisattvas, der das große Mitleid verkörpert, kam mir wie ein buddhistischer Christus vor. So war es für mich auch folgerichtig, wenn ich Buddha und Christus in meinem Fotocollagenbuch »Innenwelt – Außenwelt« einander gegenüberstellte in der Fotocollage »Buddha und Christus im Wettstreit, Pfahl und Wasser nützend«. Offenbar war es gerade diese Collage, die Karl-Josef Kuschel umtrieb, erwähnte er sie doch in seiner Einführung zu meinem Gedicht- und Collagenband »Ein Händedruck der Zeit«. Seine Überlegungen und Andeutungen forderten mich in der Tat heraus, sich seiner Behauptung zu stellen: »Das Schweigen des Buddha und der Schrei des Gekreuzigten: es gibt keine größere Polarität im Gottes- und Menschenbild durch die Geschichte der Religionen und Kulturen hindurch.«

Jemandem zu begegnen, der »Theologie der Kultur und des interreligiösen Dialogs« lehrt und in die Nachfolge von Hans Küng getreten ist, betrachte ich als Glücksfall. Karl-Josef Kuschel ist ein Grenzgänger und Brückenbauer zwischen den Welten der Theologie und der Literatur. Wie kaum ein anderer versteht er es, religiöse Linien in der Weltliteratur nachzuzeichnen und auf das Ringen um religiöse Erfahrung und Wahrheit bei großen Dichtern und Denkern hinzuweisen. Ohne seine zündende Idee wäre es nicht zu der Herausforderung gekommen, den Gekreuzigten und den Erleuchteten immer wieder neu in unterschiedliche Kontexte zu implantieren, um staunend zu schauen, was dies für den Hintergrund bedeutet, wie die Wertigkeiten des Umfeldes verändert werden, wie Außenwelt Innenwelt in Bewegung bringt und umgekehrt.

So war die Entstehung dieses Bild- und Textbandes die Begegnung und Auseinandersetzung mit dem Gekreuzigten und dem Erleuchteten auch eine bereichernde Begegnung mit dem Grenzgänger Karl-Josef Kuschel, der die Welt des Religiösen und der Literatur aufzuschließen und zu verbinden weiß.

Gunther Klosinski

LITERATUR ZUR VERTIEFUNG

1. **ZUM VERGLEICH BUDDHA – CHRISTUS:**

Gustav Mensching, Buddha und Christus – ein Vergleich, Stuttgart 1978. Gekürzte Neuausgabe mit einem Nachwort von Udo Tworuschka, Freiburg/Br. 2001.

Hans Waldenfels, Der Gekreuzigte und die Weltreligionen, Zürich 1983.

Hans Küng, Christentum und Weltreligionen, München 1984, S. 411-616.

ders., Spurensuche. Die Weltreligionen auf dem Weg, München 1999, S. 153-189.

ders., Denkwege. Ein Lesebuch, hrsg. v. Karl-Josef Kuschel, München – Zürich 2008, S. 226–233.

Helmut Uhlig, Buddha und Jesus. Die Überwinder der Angst, Bergisch-Gladbach 1996.

Thich Nhat Hanh, Buddha und Christus heute. Eine Wahrheit – zwei Wege, Freiburg/Br. 1996.

ders., Jesus und Buddha – ein Dialog der Liebe, Freiburg/Br. 1999.

Ulrich Lutz – Axel Michaels, Jesus oder Buddha. Leben und Lehre im Vergleich, München 2001.

2. **ZUM GESPRÄCH CHRISTENTUM – BUDDHISMUS:**

Janwillem van de Wetering, Der leere Spiegel. Erfahrungen in einem japanischen Zen-Kloster (1972), Reinbek/Hamburg 1981.

Hans Waldenfels, Absolutes Nichts: zur Grundlegung des Dialogs zwischen Buddhismus und Christentum, Freiburg/Br. 1976.

ders., Faszination des Buddhismus. Zum christlich-buddhistischen Dialog, Mainz 1982.

Michael von Brück – Whalen Lai, Buddhismus und Christentum, München 1997.

Lynn A. de Silva, Mit Buddha und Christus auf dem Weg. Einleitung von Petrus Höhensteiger OSB, Nachwort von Aloysius Pieris SJ, Freiburg/Br. 1998.

Karl-Josef Kuschel entfaltet den Grundriss eines Trialogs von Juden, Christen und Muslimen. Warum wollte Gott die Existenz dreier Religionen miteinander, gegeneinander, jedenfalls nicht ohne einander? Diese Frage bildet den Ausgangspunkt für eine Theologie, die den Anderen respektiert. Sie eröffnet für alle drei Religionen Möglichkeiten einer Neubesinnung, der zugleich erhebliche politische Brisanz zukommt. Ein gemeinsamer Weg von Juden, Christen und Muslimen in wechselseitiger Achtung ist für das Überleben der Religionen und der Menschheit von entscheidender Bedeutung.

Pressestimmen

»Karl-Josef Kuschels Buch ist ein Meilenstein des Trialogs zwischen den drei großen Weltreligionen. Was Kuschel mit seinem neuen Werk vorlegt, ist nichts Geringeres als eine methodisch präzise, sprachlich vorbildliche und theologisch fundierte Arbeit über die jeweilige Identität von Judentum, Christentum und Islam. ... Kuschel setzt mit seinem Buch Maßstäbe für den Trialog. Es hat das Zeug zu einem Standardwerk.«
Publik-Forum

»Der Appell seines Buches ist großartig. In sechs sorgfältig komponierten Teilen legt er uns *Ur-Kunden* vor: Kuschels schönes Wort von der dreifachen Weise, in der eine Botschaft zu den Menschen kam, die bereit waren, den monotheistischen Glauben auf sich zu nehmen.«
DIE WELT

»Mit der Lektüre jedes Kapitels wächst die Bewunderung für die enorme Leistung dieser grenzüberschreitenden Expedition in das jüdisch-christlich-islamische Gedankenreich sowie die Fairness und Integrität, mit denen der Autor Aspekte des Judentums, des Christentums und des Islams gleichermaßen darstellt und analysiert.«
Neue Zürcher Zeitung

680 Seiten
ISBN 978-3-491-72500-3
www.patmos.de

Bibliografische Information der Deutschen Nationalbibliothek
Die Deutsche Nationalbibliothek verzeichnet diese Publikation in der
Deutschen Nationalbibliografie; detailliere bibliografische Daten sind
im Internet über http://dnb.d-nb.de abrufbar.

© 2009 Patmos Verlag GmbH & Co. KG, Düsseldorf
Alle Rechte vorbehalten
Printed in Austria
ISBN 978-3-491-71329-1
www.patmos.de